印 顺 法 师 佛 学 著 作 系 列

教制教典与教学

释印顺 著

中华书局

图书在版编目（CIP）数据

教制教典与教学/释印顺著. —北京:中华书局,
2011.10（2025.5重印）
（印顺法师佛学著作系列）
ISBN 978-7-101-08058-2

Ⅰ.教… Ⅱ.释… Ⅲ.佛教-文集 Ⅳ.B948-53

中国版本图书馆 CIP 数据核字（2011）第 127161 号

经台湾财团法人印顺文教基金会授权出版

书　　　名　教制教典与教学
著　　　者　释印顺
丛 书 名　印顺法师佛学著作系列
责任编辑　朱立峰
封面设计　毛　淳
责任印制　管　斌
出版发行　中华书局
　　　　　　（北京市丰台区太平桥西里 38 号　100073）
　　　　　　http://www.zhbc.com.cn
　　　　　　E-mail:zhbc@zhbc.com.cn
印　　　刷　北京建宏印刷有限公司
版　　　次　2011 年 10 月第 1 版
　　　　　　2025 年 5 月第 2 次印刷
规　　　格　开本/880×1230 毫米　1/32
　　　　　　印张 4⅞　插页 2　字数 100 千字
印　　　数　3001-3500 册
国际书号　ISBN 978-7-101-08058-2
定　　　价　25.00 元

"印顺法师佛学著作系列"出版说明

释印顺(1906—2005),当代佛学泰斗,博通三藏,著述宏富,对印度佛教、中国佛教的经典、制度、历史和思想作了全面深入的梳理、辨析与阐释,取得了一系列重要学术成果,成为汉语佛学研究的杰出典范。同时,他继承和发展了太虚法师的人生佛教思想,建立起自成一家之言的人间佛教思想体系,对二十世纪中叶以来汉传佛教的走向产生了深刻影响,受到佛教界和学术界的的高度重视。

经台湾印顺文教基金会授权,我局于2009年出版《印顺法师佛学著作全集》(23卷),系统、全面地介绍了印顺法师的佛学研究成果和思想,受到学术界、佛教界的广泛欢迎。应读者要求,我局今推出"印顺法师佛学著作系列",将印顺法师的佛学著作以单行本的形式逐一出版,以满足不同领域读者的研究和阅读需要。为方便学界引用,《全集》和"系列"所收各书页码完全一致。

"印顺法师佛学著作系列"的编辑出版以印顺文教基金会提供的台湾正闻出版社出版的印顺法师著作为底本,改繁体竖排为简体横排。以下就编辑原则、修订内容，以及与正闻版的区别等问题，略作说明。

编辑原则

编辑工作以尊重原著为第一原则，在此基础上作必要的编辑加工，以符合大陆的出版规范。

修订内容

由于原作是历年陆续出版的，各书编辑体例、编辑规范不一。我们对此作了适度统一，并订正了原版存在的一些疏漏讹误，主要包括以下几项：

1. 原书讹误的订正：

正闻版的一些疏漏之处，如引文、纪年换算、人名、书名等，本版经仔细核查后予以改正。

2. 标点符号的订正：

正闻版的标点符号使用不合大陆出版规范处甚多，本版作了较大幅度的订正。特别是正闻版对于各书中出现的经名、品名、书名、篇名，或以书名号标注，或以引号标注，或未加标注；本版则对书中出现的经名（有的书包括品名）、书名、篇名均以书名号标示，以方便读者。

3. 梵巴文词汇的删削订正：

正闻版各册（特别是专书部分）大都在人名、地名、名相术语后一再重复标出梵文或巴利文原文，不合同类学术著作惯例，且影响流畅阅读。本版对梵巴文标注作了适度删削，同时根据《望月佛教大辞典》、平川彰《佛教汉梵大辞典》、荻原云来《梵和大辞典》等工具书，订正了原版的某些拼写错误。

4.原书注释中参见作者其他相关著作之处颇多,为方便读者查找核对,本版各书所有互相参见之处,均分别标出正闻版和本版两种页码。

5.原书中有极少数文字不符合大陆通行的表述方式,征得著作权人同意,在不改变文义的前提下,略作删改。

印顺法师佛学著作对汉语佛学研究有极为深广的影响,同时在国际佛学界的影响也日益突出。我们希望"印顺法师佛学著作系列"的出版,有助于推进我国的佛教学以及相关学科的研究。

中华书局编辑部

二〇一一年三月

目　录

一　泛论中国佛教制度

佛教，当然是"正法"中心的。然佛法弘传于人间而成为佛教时，正法就流布为"法"（经）与毗尼（律）两大类。这二者，有它相对的特殊性能。大概地说，这是智的与业的；义理的与制度的；个人的与团体的；契真的与通俗的；实质的与仪式的；行善的与息恶的。这些相对的差别，不是可以机械地孤立，而有相应的、相依相成的关系。佛教是这二者的总和，因此必须是二者的均衡发展，适当配合。也就是说，必须尊重二者的独特性能，从综贯的协调中，给予充分的发展，这才能成为完整与健全的佛教。不然，偏颇的畸形发展，势必成为病态的、偏枯的。不幸得很！佛教早就偏于法的发扬了！起初，保守的上座们，固执毗尼——戒条与规制而成为教条，繁琐的仪制。于是乎激起反抗，甚至极端地轻视毗尼。毗尼的固定化与普遍忽略，引起佛教僧众的无法健全，"龙蛇混杂"。偏于法的发扬，与毗尼脱节，不但失去了集体的律治精神，法也就堕入了个人的唯心的窠臼！

弘扬佛法，整兴佛教，决不能偏于法——义理的研究、心性的契证，而必须重视制度。佛教的法制，是毗尼所宣说的。这里面，有道德准绳，有团体法规，有集体生活，有经济制度，有处事办法。论僧制或佛教制度而不究毗尼,或从来不知毗尼是什么,这实是无法谈起的。所以热心中国佛教行政、制度的大德们,实在有论究教制的必要!

释尊的时代,毗尼主要是为出家众而建立的。"六和"僧制,并不通于在家众(所以毗尼不许白衣阅读),这是时代使然。古代的佛教,出家众有团体组织,而在家众是没有的。现在,在家众应有团体组织,与僧众混合为一吗?别立在家众的集团吗?无论如何,对于如来所制的团体原则,也还有遵循的必要。

律制或者说僧制,到底是什么?关于这,首先应确切地认定:僧制与政治的本质同一性。从僧制的来源去看,就会明白。"僧伽"译为众,就是群众。但不单是多数人,散漫的乌合一群,而是有组织有纪律的集团,所以或意译为和合众,大体同于神教者的教会。僧伽与另一种名为"伽那"的,都是印度固有的团体名称。这或者是政治组织——某一区域(律中称为"界")内的宗族会议或人民集会;或是商工业的组合制度。古代的印度社会(实是古代社会共通的),进入父家长的宗法社会时,人口繁衍而渐次形成家族、部族、种族的集团。部族以及种族内的事件,由各部族的首长,或全族成员的会议来决定。国王,或是推选的,或是世袭的,但权力大都有限。这种古代的共和民主制,自来就与狭隘的种族偏见相结合,所以贵族的民主脚下,踏着无自由无产业的奴隶层。在印度,这就是首陀罗族。等到时代演进,奴隶层开始反抗时,这种政治便走向没落,代以王权的专制政治。王权的扩充,是在推翻贵族,宽待奴隶阶层而逐渐完成的。释尊时代的东方印度,恒河东北的后进民族,如跋耆、摩罗,还过着古代的民主生活；恒河南岸的摩竭陀，已倾向于王权的集中。当时东方新宗教的勃兴，都是适应这一政治倾向，反抗婆罗门教而鼓吹种族平等。这些新宗教，都有教团的组织。其中，如着那教称为伽那，佛教称为僧伽。这种宗教集团——僧伽或伽那，都是参照于政制，而使合于宗教目的。政治制度与僧伽制度，可说是同源异流。佛教对于僧伽的一切，称为"僧事"，就是众人的事；政治不也就是众人之事的治理吗？所以僧制与政制，本质上同是人类的共处之道，不过对象不同而已。多数人的集合共处，不能无事，有事就不能不设法去解决。如何消除内在的矛盾，如何促进和乐的合作，如何能健全自己而适合生存，如何能走向更合理的境地，如何能实现理想的目标：政治制度与僧伽制度，由此产生，也由此而有演变。不过佛教僧制，虽取法当时的政治与其他宗教的组织制度，然在佛的正觉中，体悟到事事物物的依存关系——缘起性；体悟到缘起诸法的"无常性"、"无我性"、"寂灭性"，从这正觉的大悲中，建设僧伽制度，自有他卓越的特色。肯定人类平等，否认贵族与贱族、主人与奴隶的阶别；男女平等，而并不模仿帝国形态，保持民主自由的制度。唯有从佛的根本教义与僧制的原则中，才能理解佛教的处群治事之道。

　　有佛教，有僧伽，就有制度。教制是必须顾全到古代的佛制，演变中的祖制，适合现实情况的修正或建立。佛教传来中国的时候，印度的佛教，早已在不大重视毗尼的情况中。部分的重律学派，也只是繁琐仪制的保守；拘守小节，忽略时空的适应，不能发扬毗尼的真精神。所以中国的佛教僧制，起初虽仿效印度，"依律而住"，而实不曾有过像样的僧制。在佛教继长增高的阶段(会昌以前),僧伽的混滥秽杂,每与佛教的扩展成正比例。南朝的佛教,北魏文帝复法以后的佛教(特别是元代的喇嘛),莫不如此。所以佛教在中国,可说教义(法)有着可赞美的一页,而教制——律制是失败的。然佛教不能不有足以维持佛教的僧制,不能不有适应环境的僧制;等到发觉形式剿袭的印度僧制不能完成任务时,中国的佛教僧制,就向两方面演化。

一、国家的管辖制:这因为佛教发达,僧众跟着杂滥起来,影响社会,影响国家,国家不能不出来干涉。我们应该记着! 这是佛教的耻辱,古代有多少正信的缁素,明里暗里在痛心。然而僧众不能健全,不能自治,也就不能怪政治的干涉。古代的政治干涉,大体是善意的,如淘汰僧众,禁止私立寺院,试经得度等等(如恶意即灭法)。如姚兴是佛教的大护法,他却立僧䂮为僧正。梁武帝更是有名的护法,但他不忍见僧众的秽滥,甚至想自己出来作大僧正。国家的管辖,对于不健全的佛教,实际是有益的。这种管辖制,是国家通过佛教来管理,可说是以僧治僧。姚兴立僧䂮为僧正,是这一制度的开始;后代的僧统、僧录司等都是。

二、禅僧的丛林制:形式剿袭的律制,自有碍难通行的地方。全盘印度化,或者中国本位化,在东晋末年已引起争论了。谈玄说妙的南朝,当然不能有什么革新。强毅实行的北方,却有新的制度出现。如禅僧的"别立禅院";三阶教的自成家风,舍戒入俗的三阶信徒,也是"别立科纲"。别立禅院的禅僧,在唐代,适应山林农村环境,参照佛陀的僧制,创设丛林制度。"一日不作,一日不食";他们"辟土开荒"讲求经济自足。这个制度,配合着真参实悟的信心与精进（法的），确乎相当成功。佛教的思想界，虽已因固定、保守而走向衰落；亏了这丛林制度，总算维持佛教一直到最近。

这两种中国化的教制，一是每一寺院的组织，一是全国佛教的组织，并行而不相悖，一直维持到清末。但中国是家庭本位的宗法社会，而政治又缺少民主代议制，所以寺院逐渐子孙化，丛林也产生传法制，倾向于各自为政，不能从僧官制的统一中，造成民主代议制的严密组合。一盘散沙，佛教与国家民族，患着同样的毛病。

自从西洋的势力侵入，中国的一切都起着剧变。国家多事，简直顾不到佛教，或者不重视佛教，所以让它自生自灭地没落。佛教内部的丛林古制，老态龙钟，不能适应新的剧变。僧众的品质低落，受到古制的束缚、社会的摧残，迅速地衰落下来。禅宗的大德们，除了造庙、修塔而外，还能做些什么？中国佛教进入了从来未有的险恶阶段。太虚大师看透了这点，所以大声疾呼，提倡教制革新。民国四年，写成了《整理僧伽制度论》。以后时势演变，又写《僧制今论》、《建僧大纲》等。以虚大师的僧制思想来说，虽有时迁就事实，而根本主张，还是想合于佛制，僧事僧治，可说是综合过去的二元的僧制——僧官制与丛林制，统一在新的僧制中。对于在家众，有佛教正信会的建议（国内也有了居士林等组织）；希望僧众与信众，都有健全组织，共同来复兴中国的佛教。这虽然与现今南方的佛教国相合，但在中国，不但是墨守老祖规矩（不是佛的律制）的僧众要反对，而时势也有些难以办到！

　　早在民国元年,中国佛教开始了一种新制度——中国佛教会,这是一种僧俗混合组织的制度。现在已被看作一向如此,其实是从来未有的划时代的剧变。依律制,出家众的僧事,白衣就是国王,也不容直接过问。现在的混合组织,论法理颇有问题。同时,任何团体,参加者有义务,有权利;而过去大陆的佛教会,不一定如此。这个出家在家的混合组织,所问的是僧尼寺庙事件,经费的来源,也主要是从寺庙中来。而在处理事务,甚至创立法制,由于僧众无人,大都要烦劳在家众。有的出家众不赞成如此,而事实却不能不如此。问题在佛教的外来压力太重,而僧众缺乏组织能力,缺乏向社会向政府的活动能力。佛教——寺院僧众为了维持佛教,自然而然地恳求护法们出而护持。这里面,有久已信佛的,有临时信佛的,甚至有根本没有信心的;有军政名流,豪商巨绅,有时还要拉拢帮会、外道。而正信居士,眼见佛教的多难,也热心护法而不能不问。老实说,离开了在家众,佛教会也许就成立不起来。所以我觉得,护法居士的参预教会,并不合(佛)法;或者不免人事庞杂,邪正混滥,而事实却不能不如此!

　　我们应认清现阶段的中国佛教制度的特殊意义!希望在这现存的组织中,力求进步,求僧众与信众的品质提高(品质主要是正信、正见、正行),完成护法责任;进一步地促进而使发展到更合于佛法的教制僧制!

二　中国佛教前途与当前要务

　　教难、国难，现阶段的中国佛教徒，正受着这双重的磨难。东南亚地区——香港、澳门、菲律宾、越、缅、泰、马来亚、新加坡、印尼、锡兰、印度，以及日本、南韩，到处有中国佛教徒的踪迹，虽呼吸自由空气，而由于时局不安定，困难也增多。比较地说，住在台湾的，是安定幸运得多了！然台湾籍的信徒，由于长期与祖国脱节，有点神佛不分。而新近自大陆来的，为数不多，在教化与种种工作上，也不免有才难之叹。中国佛教的厄运，虽由于时局好转而跟着好转，然我们切勿自我陶醉，存有幻想！我们必须认清，近代的中国佛教，本来不够健全，不够理想。经此一番大破坏，留下一笔糊涂账，已不再是改良或整理，而需要从废墟上来重新建立了。这是怎样的艰巨！这岂能从幸运中得来！这一切，必须中国佛教同人，从速改进组织，奠定新生的基础。否则，我们——中国佛教的境遇，也许比现在还要苦痛得多！

　　中国佛教，因内伤外感而来的情势恶化，确乎相当严重！然从世局转移与社会变动去观察，中国佛教的前途，是用不着悲观的，反而充满了新生的希望。这可从两方面说：

　　中国佛教的内伤，是多年积弱。首先是，撑持了千年的禅宗,虽曾经隆盛到极点,然禅者专重向上,专重直观,轻视严密的义学,事相的修习,佛教这才从平淡而贫乏,贫乏而衰落起来。陈陈相因,禅宗也就失去开建时代的活力与创新精神,变成丛林祖制的保守者。无上妙方便,失去了时代意义,适应活力;本身不能适应时代,反而或多或少的障碍着进步。四十年来以坐香维持门庭的禅宗,日渐没落,到现在可说形骸都没有存在了。禅宗已失去中国佛教主导者的能力,将退居佛教一宗的地位。佛教的思想与制度,不再是旧制所能束缚,而有依承佛制,参酌古今,本古代禅家的长处而重新建设的必要。

中国佛教不容易前进的大障碍,是寺院家庭化。中国为宗法社会的国家,家庭意识,使佛教变质。一方面,佛寺不传贤而传(法)子,结果如通货一样,劣质的通货打倒了优良通货;住持的资格,也不再是德学而是应酬与攀缘了! 一方面,丰富的寺院经济,成为内部的侵轧因素。既不用于文化事业、福利事业,自不免成为社会觊觎的目标。太虚大师常说:中国佛教的教产,活像一块臭肉,徒引来蝇蚁恶狗,大抵在愚僧与土豪、劣绅、地痞、流氓的勾结中消耗净尽。现在经过一番大变动,家庭的宗法制,无疑地要随时代而过去;寺院土地,也不免成为问题。中国将来的政治非趋向修明不可;土劣流痞也决不会过去那样的,寺院无脂可吸。我们尽管困难,却有摆脱恶势力,而进行佛教合理建设的可能。

中国佛教过去,病在脂肪过剩,不肯运动,臃肿不灵。等到体力衰退,又积食不消,这才从外强中干,演变到奄奄一息。时代的苦难,等于节食或绝食一番(留心虚脱!)。经过一番净化作用,大可以去腐生新,恢复活力! 我们不要为寺庙、产业,似僧非僧的丧失破坏而悲哀。经过一番苦难,如我们还不觉悟,还在旧梦重温,这才是真正的悲哀! 中国佛教展开了重新建设的可能与自由的机运,问题在我们自己。

从另一方面说,中国佛教的衰落,并非单纯的佛教问题,而是与我国族的衰落同一情况。近百余年,由于西方来的外力侵袭,国家与佛教才急剧地困难起来。连西方的神教,也以拯救者的身份而来。经过几次战争,国人的自信心消失。于是乎打倒迷信,打倒孔家店,扔掉线装书,改造方块字,从根否定了自己,而主张全盘西化,拜倒于唯物的功利文明。这一盲目的西化论,增加了国家的困难,促进了佛教的衰落,障碍了进步的革新。热心于全盘西化的先生们,应该是反省的时候! 假使不以现况为满足了愿望的话。现阶段的国难教难,从远大处看,这并非来自亚洲,来自中国与佛教;这一时代苦难,实是西方唯物的功利文明的泛滥与横决。马克斯生于德国;《资本论》作于英吉利;共产政权的初步成功,是东正教的化区——俄罗斯。这些,不是别的,是西方的传统文明——政治与宗教,在高度的发展中,暴露出根本破绽,而演进到自我的否定。西方的传统政治,本身存有困难,也还没有想纠正过来。到现在,西方还只有金钞、武器,加上上帝,不能提供崇高的理念,来鼓舞全世界爱好和平与自由的人们。经过重重苦难,人类是会新生的。新的时代,决不是暴发的共产主义,也不是传统的帝国主义,也不会是"基督文明的世界统治"。世界的真正得救,重建和平,是充满理智的、和平与宽容的东方精神的复活。综合了西方的积极成分,而创开的世界新时代。在这时代大转变中,中国与世界的佛教,无疑为东方文化的重心,而要重新被高扬起来。在这西方文明动荡而待变的过程中,佛教徒应该加倍努力,弘传净化人间的觉音,我们还能懈怠和悲观吗?

从佛教本身说,已大大减少了改进的障碍。从国际情况说,佛教与东方的文明,有了再度高扬的机运(否则世界将黑暗到底)。中国佛教前途是光明的。光明,会鼓舞每一佛弟子,真心、热心、悲心,将身心奉献三宝,为护教、为利生而努力!

佛教的前途是光明的,不过还在未来,非要从艰苦的现在,努力去打开困难,奠定新生的基础不可。这一责任,不能不归重于台湾的佛徒。

当前的佛教要务,据个人的看法,不出三方面——教化,组织,事业。论到教化,一、长期的专修的教学,如佛学院、研究会之类,以养成住持众的弘教、信护众的协助教化为目的。这是复兴佛教的根本大计! 二、定期的一般的教化(或是星期日,或沿用旧制的朔望),以摄受信众、灌输佛教的基本信解为目的。这是极重要的,最好要有一定的宣讲师,讲题一贯,不致矛盾重沓;这才能引令深入,导入组织,格化信众的身心。三、巡回布教,也非常重要。但如没有定期的宣讲,这只能引发短暂的感动而已。四、一期讲经,这是旧有的宣教方式,着重仪式。这适于安定的农业社会,在讲究经济时间的工商社会,多少要改善一点。否则,摄受的信众,都是老年的、优闲的,不能普及于青年的、一般的。不过隆重的仪式,偶一为之,倒也有不少妙用! 此外,如文字宣传,利用电影、唱片,广播宣传等。

　　论到组织,近代中国佛教,从来没有健全过。实有加强组织、健全组织的必要。组织,不是万能的。如积聚的材料,是断瓦朽木一堆,那无论如何设计配合,也难以成为坚固的房屋。佛教徒一向量多而质不精,所以加强组织与充实教化,应同时着重,收相互推进,促进新陈代谢的成果。在现阶段,希望台湾省分会,各县市支会,积极地健全发展起来。"中国佛教会"要处于扶导的地位,使佛教工作,在台湾佛教的名义及机构里,发展成长。使台籍佛教同人,有自发的为教热心! 大陆移来的与台籍的四众弟子,有增进互信互谅的合作必要!"中国佛教会"所应着重的,应为全国性的。我以为,一、大陆移来的四众弟子,应由中佛会领导,使他都能纳入组织,加强进修。这对于台湾佛教,可起一种示范作用。对于未来的佛教整建工作,应集中意志,有所准备。二、散处国外的中国佛徒,应取得联络。各地的组织与个人,虽不能(也不必)属于中佛会,中佛会应特立一侨教机构,负联络通讯,以及友谊的指导与鼓励的责任。团结散处国外的有力(并不等于有钱)而真诚的佛弟子,这对于将来的复兴工作,必有重要的贡献。三、与世界佛教,取得多方面的联系。

　　论到事业,我们首先要有一根本认识——佛教要取得社会(中坚分子)信仰、政府尊重,必须兴办利乐社会的事业。因为在社会一般人的心目中,这些有为的事修,比了生死重要得多! 大家为什么不策发悲心,量力尽力而为? 最好,在各县市或全国的名义下来办理,不以个人及一寺为单位。因为,以一人一寺来办,力量小,成绩不容易表现,而且容易为不良分子所把持(过去大陆每有此种现象)。佛教无我,何必一定要归于自己呢!

现在,住持台湾佛教的,有大陆移来的出家制,及台地(日本式)的在家制;还有闽式的斋姑制(女众不剃发,不受出家戒,自称为出家),彼此每不免误会。其实,纯从出家比丘(及尼)众的僧制而论,僧混俗融的"中国佛教会"——管理僧众的组织,根本就难得合(佛)法。我以为,内地来的出家制,等于天主教;(蒙藏旧教及日本)台湾一分的在家制,等于耶稣教。斋姑,实为"净行优婆夷",不能说是出家的,但也不妨自成一派。如真能充实自身,提高德学,健全组织,积极于社会的文化事业、福利事业,我相信,都可以延续发扬佛教,一定会比现在要像样得多。否则,量多而质不精,无组织,不作利乐社会事业,大陆式的佛教,即使有少数做到戒德精严,了生脱死,也救不了佛教(四十年来一直在衰落中)。如不能表现于品德(日本式的,从来不曾受出家戒,而我们却要以比丘律仪去衡量他,本来不恰当。然在家众也有在家戒,至少人类须有应有的人格)、学问、事业,单是顺俗的娶妻食肉,于佛教能有何用处? 我们要认识当前佛教所急需的工作,协调谅解去为佛教而努力!

散居国外的佛教徒,以福建、广东籍为多。说来希奇,国内的中坚分子,不知为了什么——似乎并不是灵魂得救问题,却乐于接受西方的神教。而侨居海外的,在饱经外国统治的滋味下,激发为强烈的祖国爱,一直在坚强地保持从祖国带来的佛教信仰。侨居国外的佛弟子,比较说,经济力强而文化低,这在佛教中,即信仰真切而理解不足,多修福德而少修智慧。希望能善用经济,不单是布施作福,能引导走上不但有信仰,而且有慧解的佛教。海外佛教的领导者,能着重这点,才能确保国外的中国佛教,而发展为进一步的隆盛。此外,如彼此间的联系,与祖国佛教界的加强联系,都是最重要的。而对于近从国内流移出来的佛弟子,希望能多多给以协助,使能为佛教安心修习与弘化。

　　一想到大陆佛教徒的遭遇,真是痛心万分! 在苦难中,希望大家能有一确切的认识——佛教的精神,是基于谅解的同情而发为"慈悲为本"。在释尊降魔成道的今日,大家要有佛魔不相并存的决心。大家不用忧虑! 佛教的存在,并非敲打唱念,并非供养礼拜,并非形像寺院。真实而更本质的佛法,是由于我们的皈信三宝,于心灵深处,发展智慧与慈悲,而向于真实的自由。真能正信而深刻地解入,什么也不能破坏我们。阴霾黑暗,会因晨风与曦明而消失! 经上说:"以般若波罗密多故,心无罣碍,无罣碍故,无有恐怖,远离颠倒梦想,究竟涅槃(真自由与解脱)。……能除一切苦,真实不虚。"让我们在三宝的恩威中,得无恐怖、离苦厄的自由吧! 谨以佛陀的慈音,遥遥地寄向大陆,为万万千千的佛徒祝福!

　　说来话长,就此作一结束。我的片段的意见,不一定是恰当的,但是真诚的,愿意提供于四众同人之前。一套严密的计划,一个伟大的设想,不一定适合于当前实际。我觉得,在相互谅解的组合团结中,充实教化与多做福利事业,各从自己的岗位做去,是永不能变更的方针;如希望佛教复兴的话。这一切,要把他安放在"真心"、"诚意"的为佛教的磐石上!

三　僧装改革评议

一　僧装改革运动之回顾

　　僧装改革运动,在新僧派中,虽还不过说说而已,"试用"而已,但这个运动是存在的。被推尊为新僧领袖的太虚大师,早在青年时代,"服随国俗"而出现于公众集会的场所。他说:"太虚……出言吐语,大都不经。僻形怪状,不理众口。然随宜示现,不存轨则。……就事相而论,发留一寸,本出佛制。服随国俗,自古已然。彼印度之比丘,固未始穿袍着裤,似吾国俗人今所目为和尚者也。"这位富于革命情绪的青年,勇敢地开始了僧装改革的尝试。此后,虚大师也曾拟过制服,虽没有实行,而"太虚帽"早被某些同袍所乐予采用了。鼓吹"现代僧伽"的闽南佛学院,也曾试用新的制服,据说曾用过一次。僧众受军训,受救护训练,各处都有过不同形式的新装。这些,都是抗战以前的旧事。抗战期间,《海潮音》编者福善法师,除了在"太寓"而外,出门总是披起那件类似大衣的大衣(个人使用,还不配称为僧装)。抗战胜利了,重庆风吹到下江来,焦山东初法师首先响应,发表关于僧装改革的论文,得到许多人的同情。焦山的僧伽训练班,秉承虚大师的意思,开始试用。然而,丛林的老上座们,另有一套反对的理由,有人作文反对。南岳明真法师,也不赞成。尤其是以"新僧派"自居的慈航法师,忠愤悲慨,竟然不惜与师友为难,在"护法"(《中国佛学月刊》出"护法"专号)的旗帜下,硬要打倒"伪装"。这个僧装改革问题,引起的纠纷真不小。虚大师说:"理智要更清明一点!"真的,我们应该更理智一点,从佛教僧伽的立场,来考虑僧装的改革。

二 先要认清立场

僧装改革,是佛教出家众的服装改革。所以僧装无论如何改革,终久是出家众的服装。承认出家制有存在的必要,愿意站定出家岗位,这才有讨论僧装的应否改革与如何改革的价值,否则是多余的。讨论僧装改革,是以出家制的存在为前提的。那么,应进一步考虑,"出家"是什么意义?在生活方式、行为操持,以及献身三宝的任务上,出家众与在家众有何不同?有出家与在家二众,即应有出家与在家的差别。如忽视这点,将有一切似是而非的理论出现;僧伽的革新运动,可能造成一种非僧非俗的现象。出家可以学佛,在家也可以学佛,但我反对不僧不俗的,继承寺庙权益,受人信施,而营为纯世俗的生活。我想,僧装改革的倡导,是为了健全僧团,提高僧格,坚定出家立场,履行出家任务,而不是为了取消出家与在家的差别。这里,准备与这样的僧装改革论者,共同商讨。

三　僧装的特点与问题

论到改革僧装,先应理解佛制僧装的特点,以及何故而有问题。这才能进而讨论中国僧装的应否改革,如何改革?

佛制僧装,即是"三衣",本是适合印度情况,参照印度服装,略加改革而成。所以今日南方的佛教国,与印度气候相近的,还大体保持佛制僧装的形式。但在温带及寒冷的地方,如我国内地、蒙、藏,及韩、日,即不能没有当地适用足以御寒的衣服。尤其是佛制没有鞋、袜、帽子,在中国等即不能没有。因此现代世界的僧装,不能完全一致。僧装的世界性与地方性,应如何使之协调?我曾想:合理的僧装,应有统一的三衣与各别(适应各地)的便服,做到佛教国际间的统一而又能适合各地实际的需要。但这一构想,是并不理想的。因为服装的主要作用,在保持适当的体温。在印度,三衣固然有表征僧相,使与在家众不同的(制服的)作用,然佛制"但三衣",正因为印度气候炎热,有三衣即足够保护体温了。三衣在印度,是表征僧相的,也是实用的,做到了标相与实用的合一。但在中国、日本等地,僧装无形中分化了:三衣但有标相——宗教礼服的作用,而保持体温的实用,却有另一类服随国俗的便服。三衣而失去了世俗保温的实用,是会慢慢被忽略的,只能在特殊的节日或场所,点缀庄严而已。三衣在印度虽是非常便利的,但在中国等地区,却成为麻烦的。记得我受戒的时候,先穿好一切便服,再披五衣,又加七衣,然后搭上大衣,不免麻烦。佛制三衣与实用合一,所以经常服用。五衣是贴身的内衣,连睡觉也穿着。在参加众会——羯磨、布萨、饮食等时,即须加穿七衣("入众衣"),可说是常礼服。如走进村落都市、王宫官署、乞食、说法,再披上大衣(大礼服)。三衣不只是表征僧伽德相,且有世俗实用,这才能成为僧众日夕不离的僧装。在中国,三衣没有实用,所以只能在受戒等场所,偶尔表演一下。我们常用七衣,但里面并不着五衣。走入都市或者去乞施,也不着大衣。甚至"三衣不离"的律师,也只能法宝似的随身携带。这决非中国僧众轻视三衣,不遵佛制,实有其实际的原因。三衣虽是佛制的僧装,但五衣算不得礼服。所以在服随国俗的便装而外,再加三衣为制服,不但麻烦,也不合理。这个僧装的标相与实用,应怎样去统一!

僧衣本同于一般的服装。但在僧制的建立过程中,僧装向一个目标演进,即表彰僧相使与在家众不同。在颜色方面,为了简别印度在家人的多穿白衣,特别采用染色。染色,不用鲜艳的正色,而取朴实无华的古铜色、灰色、红而暗黑的缁色等,这是服色的不同。在形式方面,采用了割截的福田衣,象征僧团为人类功德生长的田园,这是形式的不同。僧装唯一的倾向,即是要与在家衣有显著的区别。佛何以要制"三衣不离"?只是要僧众随时随地,能以服装表明佛教出家者的身份。为了爱护佛教,爱护自己,在社会众目睽睽的注视下,警策自己,约束自己。至于佛教内部,一岁比丘如此,百岁比丘也如此,就是佛也如此,一律服用三衣,平等平等。所以,对外差别,对内平等,为佛制僧装的原则。

四　中国僧装改革的诤论重心

中国不是印度、缅甸……，三衣不够御寒，因而演成佛制三衣与随俗便服的分化。圆领的海青、长袍，大体同于清代以前的中国俗服。到清代，在家人改用满装的方领，容许出家众沿用旧装，于是乎现代中国僧伽的便服，与现在的中国便服脱节。这本是僧众的便服，因为与俗人便服不同，习久相传，成为公认的僧装。讨论中国僧装的应否改革，不能忽略此一事实。事实比之理论，或许更有力量。僧装的改革者，并不是推翻三衣，不过改变不合时宜的便服，何用大惊小怪！然在中国世俗共许的观感上，此圆领衣实已取得表征僧相的作用。所以如加以改革，不能代以明确表显僧相的服装，势必造成进（山）门做和尚，出门充俗人的流弊。僧装改革者，应该记住这一事实，才能认清论诤的焦点。

五　向反对改革者进一言

我是赞同中国僧装改革的，所以先要向反对改革的老上座们说几句话。反对的理由何在？可惜我还没有看到。我相信，反对者的根本动机，唯一的理由，即为了维护僧制，不忍看进门做和尚，出门充俗人，因而引起不堪设想的流弊。为了护持佛教，沉重的责任感，不能不出来反对。在这点上，我是完全同情的。然反对如此改革，仅是消极的，维持现状的，不是僧装问题的解决。可以反对如此改革，而不应反对改革，应该进一步地研讨足以表显僧相的改革。我们知道，释迦老子的制定僧装，并非保存印度古代的树叶衣、树皮衣，或者寸丝不挂的天衣（裸体）。佛是参照印度当时的一般服装，加以颜色及割截的区别而已。释迦时代的僧装，是参照时代的俗服，而自称佛弟子的中国僧众，偏要保持时俗废弃了的中国古装——圆领方袍，是何道理？所以，不应当反对僧装的改革，而应研讨合理的改革！

六　回到祖国的怀抱中来吧

东初法师提议的僧装改革，慈航法师是根本反对的。他不是反对中国僧装的改革，是反对僧装的如此改革。他的热情、耿直，横溢于"护法专刊"的言论中。

我想以同门、同学，同属于新僧的立场，先说几句家常话。老学长"太鲁莽了"，自以为是新僧，而不大明白新僧的实际。从有新僧以来，照例是宣传多于事实，说过也就算了。"中国佛教会的命令"，"全国通行"，还不是学僧们吹吹而已。××寺与××寺的经济基础，还离不了香火佛事，谁敢不顾一切地全盘改装。论到改装，除少数的大和尚与当家的，在这经济困迫的年头，哪有这分力量！一分清苦的学僧，连笔墨都还成问题呢！仰望寺院、学院拿出钱来，那不过是学僧们的幻想。就像住持焦山的东初法师，也未必真能慷常住之慨，让焦山的学僧们，"纠正心理上的不健全，……使僧青年思想发酵"！中国是会做文章的国家，学僧是正学习写作，这哪里认真得！

反对如此改革,"尽可向作文的一二人,在《海潮音》去辩论"。假定《海潮音》不愿发表,《中国佛学》不是现成的吗?何必说"打倒",闹"脱离"?现阶段的中国佛教,中国的僧青年,都在盲目地碰命运,谁也难得领导起来。虚大师苦心孤诣的鼓舞作育,何尝敢以新僧的领导者自居!领导,也不过"提示"而已,"试用"而已。到底应该如何,还不是慢慢的,让时间去作最后的决定。热诚的老学长,到底远在异国,不明了现代中国新僧的实情,以为真的改革了,这才忠愤奔放,甚至要请大师负起"祸及万年的因果责任"。老学长!这不过"试用"呀!

撇开私话,再谈公理。关于僧装改革,慈航法师的主张,不失为一项办法。但所持的改革理由与方法,都是可商讨的。为甚么需要改革?他以为:"佛教的教主既是一个,佛教的仪式当然也是一样。除了中华系的佛教(包括安南、日本、朝鲜、藏区、蒙古等),僧装奇形怪状外,人家南方的佛教,他们的僧装是完全一合相的。"这样的改革理由,未免过于薄弱,那是未能认清僧装的特点以及何故而有问题。教主是一,服装是一,当然是很理想的。但事实告诉我们,全世界的僧装,为了服随国俗的差别,保持体温的实用,不能没有差别。就像慈航法师建议的僧装,三衣而外,也不能与佛教国合一。随方异宜的便服,时过境迁,或在另一地方的人看来,都有点希奇。慈航法师虽然生长中国,可惜与祖国别离的时间太多,受异邦风俗的熏染,这才会批评中华系的僧装为奇形怪状。要知道,圆领方袍,在中国古代,真是适时合俗,雍容大雅的便服。什么奇怪!不穿裤子才奇怪,黄头黄脚才奇怪(懂得服随国俗,也就无所谓奇怪)!记得法尊法师从西藏(绕道印度)归来,披起南方佛教常用的黄袈裟,上宝华山去。知客师问他:"怪模怪样,穿的是什么?""袈裟。"知客师叽哩咕噜地说:"袈裟怎么不三不四的。"问起来山做什么?"看密师父,密师父约我上山。"知客师这才弄清了来人是谁,除了通知和尚,恭敬地陪到丈室以外,还搭衣持具求忏悔。这个小小的笑话,说明了"少见者多怪"。所以,"他们(南方佛教国)看见中国和尚,都说不是和尚",这不过愚妄者的浅见。应该好好地开导他们,焉能把这些作为中国僧装需要改革的理由。

忽略了服随国俗的正确性,多受他乡风习的熏染,所以提议:"黄衣简别俗服,袈裟表示僧相。""只知道简别俗服,和南方各佛教国的僧装是一色黄",而不能虚心地研讨佛制,甚至说:"什么黄色合不合佛制,那只好去问佛",这成什么话!这何必问佛,中国所传各部派的律典,都用杂染色(南方所传的律,也还是这样);袈裟就是杂染色的意思。弘扬"中国佛学",应当"竖起堂堂正正之旗",改革一色黄的服装为杂染色,怎么反而要中国人去跟别人学?他以为:"若再用黑色和灰色,刚刚和俗人一样分不清楚。"不知杂染色是僧装古制,本为了简别印度的白衣,各处风俗不同,我们哪里能禁止俗人采用?哪里可以因他们采用而我们就不用!至于说:"全世界的人,只有和尚穿黄,在家人唯有不穿黄",也未必尽然。古代的帝王家,多穿黄色。"黄袍加身","黄袍换去紫袈裟","钦赐黄马褂",这应该听见说过吧!在南方,或者还感觉到一色黄的尊贵。在现代中国,黄帽、黄鞋、黄衣,会被人看作封建余毒,如何使得!鲜明的黄色僧装,招摇过市,中国人看起来,这才奇怪呢!

"袈裟表示僧相",大体是正确的。然建议的内穿便服,外披印度式的袈裟,不过中国僧装的老办法。从来的中国僧装,就是在随俗便服的圆领衣上,披上袈裟,结果却引起了问题。佛制袈裟,是在印度当时的俗服上,加以杂色与条纹的标相,是表征僧相的,也是实用的。建议的一色黄,未必合于佛制。而外披袈裟,仅有表相作用,缺乏保持体温的实用。失去实用,袈裟是纯宗教的服饰,会慢慢被轻忽起来的。这哪里是尊重!不离日常生活的、实际的、活的袈裟(三衣),被弄成脱离现实的过去了的古董。我们的僧装,应该有明显的标相,我同情慈航法师的原则。但他建议的理由与办法,不免缺乏对中国佛教的理解与同情。

七　新乎僧乎

东初法师建议的"改革僧装与提高礼服",附记说:"这只能算是笔者的建议,是否有当,尚待僧中知识见教。"那种虚心与敢于建议改革的胆识,真是太好了,引起我对僧装改革的考虑与商讨的决心。但我以为,这不仅是"笔者的建议",而是代表部分或大部分的"新僧"。"新僧",是进过佛学院的(也不一定重视佛学),年轻点儿的。东初法师不过代表这"新僧"群的意识,吐露"一般人都认为有迅予改革的必要"的要求而已。

改革僧装的理由,主要是:"今日僧装穿起来那种腐败的样子,就给社会一般人一个太坏的印象。……总之,社会群众给我僧众这种冷视的态度,以及种种讥笑,并不是由于僧众心理上或行为上有什么弱点暴露,或是僧众知识能力不够,其主要原因,乃由于僧众服装不能适合群众的心理,因而博取不到群众的欢迎。"这个改革理由,是歪曲的,倒果为因的!今日僧众的遭受社会冷视与讥笑,坦白地说,不是别的,正"由于僧众心理上或行为上"的"弱点暴露",是僧众的"知识能力不够"。近代的中国僧众,道德、知识与能力,普遍的低落。在社会的群众心目中,不断地印上恶劣印象,这才渐渐地从信仰而怀疑,从尊敬而轻视。等到造成了轻视的社会意识,那就不问你的知识能力与道德如何,只要见了表示僧相的僧装,就会发出轻视与厌恶的表情。这哪里是"僧装之累"?分明是集团累了个人,僧众累了僧装。也就因此,仅是形式(僧装)的改革,或个人的学德,不能有效地改变社会对于中国僧众的冷视与讥笑。如不能认清这点,或故意地不肯承认,想将僧众遭受歧视讥讽的种种难堪,归怨于僧装的腐败,这不能不说太缺乏反省,太自欺欺人了!我希望一般"新僧"并不如此,而只是建议者个人的错误。

　　基于改革理由的错误,建议的"提高礼服"与"新装样式",自然也不免犯着严重的错误。他建议除了少数人在特殊时节(宗教礼节),穿着高贵的礼服而外,平时与一般僧众,都改着新装。新装又分德僧服、职僧服、学僧服三品。此种新装的缺点,一、不合僧装对内的平等原则:佛制三衣,是每一比丘所必备的,并没有级别。依照建议的新装,服装将要表示我们的阶级——知识深浅,能力强弱,职位尊卑,德学高低了。这个错误,虚大师是深刻理解的,所以说:"此衣之式,略同东初所议职僧服;废德僧、学僧服。"僧装应符合佛制的平等原则,不能有级别的区分。

二、缺乏僧装对外的表相作用：依建议改革的新装样式，不免与在家人服装相混杂。

我相信，新装的拥护者，会用不同的理由来辩护。初步的理由是：我们的新装，并"不同于俗服"。的确，新装的样式，并不与世间的任何服装完全一致。但这种不同，在一般的社会群众，不能一望而知地发觉它的差别，也不能从这点不同中，知道你的身份。简单说，这样的服装，不能明显地表示出僧侣的身份。所以"不同于俗服"的理由，不过是诡辩而已。

温和的修正者，会解说给我听。佛制的三衣是应该遵用的；试用的新装，不过是俗服的改变。有合时宜的便服，有表征僧相的僧装；过去的三衣与海青等，不也是这样的吗？但这种解说，不能使人满意，因为不足表征僧相的根本问题，并没有解决。佛制表征僧相的僧装，决非专用于上殿、过堂或者说法，而是不离身的，随时随地能从服装中表彰僧伽身份的。现在仅有遵用三衣的空名，不过在山门里用用而已。穿起新装，特别是走向十字街头，试问僧相何在？如此种新装而普遍使用，进门做和尚，出门混充俗人的流弊，势必不堪设想！过去中国僧人的便服（圆领衣），与时装有显著的差别，所以出门不披袈裟，仍能表彰僧人的身份。试问试用的新装，能否如此？

新装的建议者，早已自觉到"不同于俗服"的理由是不成理由的，所以索性否定区别僧装与俗装的必要说："僧众与在俗人，不必在服装上分别，要在心理上分别，要在言行上分别。"在心理上、言行上分别，是对的，不必在服装上分别，却是错的。佛制僧装的染色与割截，正是为了要在服装上分别僧俗，形式与实质并重。假定偏重实质的老上座，作如此解说，我倒还可以原谅，但他决不会起来建议僧装的改革。因为僧众的腐败与革新，不必在服装上分别，要在心理上分别，要在言行上分别。服装的新旧，有什么关系！新装的建议者与拥护者，不能把握社会歧视僧众的原因，浅见地专在形式上打算，想从形式的改变中，消除僧俗的界限，以逃避社会歧视的目光。哪里还记得要在心理上分别，行为上分别！为了掩护自己的错谬言论，才伪装地唱起偏重实质的论调。

建议者又从另一理由，为缺乏僧相的新装作辩护："事实警告我们，必须由山门内搬到山门外来，佛教才有办法。""要普及佛教于社会(使佛教与社会打成一片)，首先要改革僧装，使得僧装群众化，把社会群众与僧众间隔碍化除，达到四摄法中同事化导的目的。""搬出山门外"，不外乎僧众健全，能以佛法化导社会，因社会群众的信解佛法，奉行佛法，达到人间佛化的目的。搬出山门外，决非等于取消僧相；保存僧相，也决不会障碍佛法（如天主教的神父、修女，服装特殊，并不障碍该教的普及）。真正有心为教的青年，应该精进地、辛辛苦苦地把佛法搬出山门外，决不能取巧放逸，光是拆掉山门就完事！佛教是有僧众与信众的差别。佛制僧伽，以住持正法为究极目的，类似天主教的神父，基督教的牧师，以及政党的从事党务工作者。所以僧众的化导社会，在乎怎样的教化信众，组织信众；信众就是遍入各阶层各部门的。不仅普及社会，而要实行佛法，化导社会，改造社会。这样的分工合作，才能达成佛化世间的理想。不能明确地意识到自己的应尽责任，而企图化僧为俗，从事信众的社会事业，如此的"与社会打成一片",不过放弃自己的责任而已,取消自己而已。退一步说,如确有为教的真诚,立志要从事社会事业,表现佛教精神,以转移社会心理,也许这更适合于自己的性格与兴趣,那就应该贯彻护教的真诚,退出僧团而改取在家的立场。

　　新装的建议者与拥护者,会严厉地反驳我。新装是这样的美丽合时,为什么硬要反对? 说什么"不足表显僧相"。"今日僧众服装与俗人不同,但僧众的信仰言行,未见得比俗人高超,甚至不及俗人。"到底表显僧相有什么用处? 我可以告诉大家:僧装的标相,可以使你尊贵,假使是佛法昌隆、社会尊敬的时代;也可以使你卑贱,假使是僧众窳腐、社会轻视的时代。单从社会的观感来说,表征僧相的形式,不是一定的。也就因此,社会的反应如何,不成为僧装改革的理由。单是形式的改变,不可能有效地转移社会观感;换汤不换药,是无用的。然而僧装的需要标相,却另有理由。佛的建立僧团,是预想僧团的清净和乐。有同一的思想与意志,同一的理想与实践,负起住持正法责任的。佛制戒律,古人立清规,近人谈整理,都是以此为理想而求其实现的。这当然要重视内容,而表相的形式,也可以(相对地)促进僧团的精纯。从生善方面说:僧相,能使自己意识到自己的身份与责任,尊重自己,爱护圣教(古人的一日三摩头,也是此意)。同时,僧相能表征僧伽的德相,易于使俗人识别而起敬信心。从止恶方面说:僧装有了标相,不致被人误会或牵连(古代本因被人误认为盗,才加上染色的区别)。同时,社会意志会加以约束,甚至强迫你履行僧伽的本分。所以"世间增上",为惭愧心生起的因缘。受到社会的约束,顾虑到社会的批评,不敢放逸去为非作恶。表征僧相的僧装，虽没有决定作用，而相对的作用是非常强大的。在佛法衰落的现代，正应该利用社会的约束与督导，而改革者却漠视它的价值，这等于夸谈水利而自毁堤防。

关于提高礼服，佛制的僧伽黎是被废弃了。七衣、海青等高贵礼服，不再是一般僧众的礼服，被奉献为少数阶级的特权与荣耀。这种非法建议，真是岂有此理！

何以而有提高礼服与改革僧装的建议？何以如此建议？构成此项建议的意识根源何在？应该是这样的：向山门外眺望，社会的一切是好的，值得追求的。可是佛教的制度，尤其是僧装，给以种种约束，不得自在。社会人士见了僧装，会立刻歧视、讥笑，连自己也觉得"那种腐败样子"了。但转身向山门内看看，觉得寺院的方丈、当家、法师们的尊严，优裕清闲的生活，是多么理想。从前，住金山与宝华，目的为了当职事，接法当家做方丈。现在时代变了，目的不变，进佛学院也还是为了这个。地主经济的寺产，加上信众的供养与礼敬，是值得留恋的，这些不是都可以取得的吗？然而，谁也不能老在山门里，特别是不大称心的时候，总得去外面看看。有时看久了，觉得外面太好，为什么穿上僧装的和尚，就不能这样呢！决计不干了！可是刚刚向外提起脚步，准备脱下这"腐败"的僧装，一阵说不出的空虚感，又把脚缩了回来。凭什么走出山门？财富吗？学问吗？技能吗？体力吗？或是社会关系吗？什么都没有。想到闲散惯了，一旦走入紧张争逐的社会，多少有点胆怯。越想越怕，心也越冷，还是关起门来做方丈的美梦吧！梦虽是那么美，可是时代的浪花，拍得山门震天价响，不由得揉揉眼睛，留心地察看：寺院的被侵占，寺产的被剥夺，土豪劣绅的压迫，社会普遍的讥刺：想到将来，眼皮儿再也合不上。这样的门外门内，千回百转，竟然找到办法了，而且是十全十美的。"改革僧装"，是多么前进呀！进退两难的苦衷，彻底解决，得到进退的自由。进门做和尚，不消说还是老一套。走出山门，事事无碍，社会人士不再会知道是僧人而加以轻视，也不会以僧人的本分来约束，好不自在！在普及社会的口号下，名正言顺地去学学世俗事业。假定取得僧界权位，也就算了，否则山门外的路宽着呢！这不能不说是好办法！舍不了寺院的财富与权位，受不了社会的刺激与诱惑，该是一般要求僧装改革者的意识根源。

不单是这样，如此改革的心理根据，还有蒂固根深的封建余习。在古老的寺院里，充满封建臭味的阶级性。看到清众衣食住的低劣情况，与和尚当家们作一对照，即可以想像而知。在大殿里，和尚才挂念珠，纠察只许手串，清众是一概不许。阶级性的古规，丛林里还多着呢！建议提高礼服的少数占有，新装式样的阶级性，唯有在这封建气味浓厚的寺院里，熏习成性，才会有意无意地建议出来。海青、黄鞋等，在建议者看来，哪里真是"腐败样子"，这不过是面对社会的自卑感。如在山门里，穿着黄海青，配上合掌帽、黄鞋子，挂一串念珠，一向是被赞赏为大雅美观的。所以被咒诅为改革理由的"腐败样子"的海青、合掌帽，在山门里，却一变而成为高贵的礼服，而且被规定为少数阶级的特殊礼服。这种根源于丛林的阶级意识，透过时代社会的刺激与诱惑，才交织成如此改革。此种改革，对外不像僧，对内不够新,不新不僧的僧装改革,是难以容忍的,不能不加以彻底的批判!

八 我的建议

中国僧装是应该改革的。我的建议,可分两点来说。一、应该改革;二、如何改革。现代的中国僧装,是应该改革的。不是为了"奇形怪状",也不是为了"腐败样子"。理由简单明了,那就是僧装应适合于时代及环境。从佛制僧装的意趣说,僧装即是那个时代的印度俗服,佛不过加以染色及福田的割截相。佛没有保存古印度的服制,也没有采用别处的服装,这原则是值得我们遵行的。从契时契机的观点说,服装因时代因环境而不断地演变。我们的住处、用具、交通,甚至饮食,都在随时代而推移,为什么我们的服装,要停留在社会废弃了的古装阶段? 何况这还是中国古装,与佛制无关。今天不变,明天还是要变的。终于要变的,谁敢说佛法千万年住世,而中国僧装将永远是圆领方袍!

说到如何改革,这必须是"合乎佛法,不违世间"的。原则可以这样的决定:

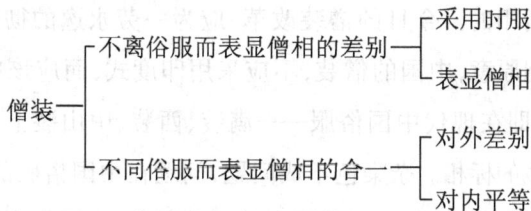

```
                    ┌ 不离俗服而表显僧相的差别 ┬ 采用时服
                    │                        └ 表显僧相
        僧装 ───────┤
                    │                        ┌ 对外差别
                    └ 不同俗服而表显僧相的合一 ┤
                                             └ 对内平等
```

　　僧众负化导社会的责任，即不能使社会误会你为另一时代另一世界的人物，而有碍于僧众与信众的接近。我们应该效法释尊，采用此时此地的服装。以现代中国（内地）的服装来说，根本没有统一，有久经国人服用的满装，有舶来的西装，还有中山装。僧装不应硬性规定，采用某一服式，也不需要创新。在满装、西装、中山装中，如硬性规定某类为僧装，决难得僧团的共同满意。而今日中国的一般村镇，满装还非常普遍，如规定为西装、中山装为僧装，容易引起民间的隔碍。如规定满装为僧装，那在都市中，尤其是西化深的都市，或接近西化的信众，也未必恰当。多少带点党性的中山装，赞成个人的采用，也没有规定为僧装的理由。我也不赞成创新，不但新装的式样，不容易为全体所乐意接受，而规定的一律的新装，将来又不免旧了，我们将常为僧装的仍旧与创新而烦劳！我们只要有僧伽的标相，在共同的僧伽标相下，随教化的环境，随时代的演化，给予每人以服装选择的自由。这是何等彻底（不会再有僧装的改革问题）！何等简单！

　　这样的"采用俗服"，怎么能"表显僧相"？佛制僧装（三衣）的标相，是杂染色与割截相。至于长方形的布幅（袈裟旧样），不过是印度的俗服。如没有染色与割截相，在印度是不足以表征僧相的。今日的僧装改革，应为一劳永逸的彻底计划。尊重佛制原意，中国的僧装，不应采用印度式，而应该中国（俗服）化。即在现代中国俗服——满装、西装、中山装上，加以染色与割截的标相。杂染色不成问题，问题在中国俗服的怎样割截化？我们应该了解，割截不在乎割割截截，在乎作成田畦（稻谷)的形象,用以表示僧伽的功德,也就成为僧人特有的标帜。印度用长方形的布幅为衣,可顺着长方形的布幅而作成传统的袈裟。中国服装,想那样的截成五条、七条,是不可能的。好在福田相是僧伽的标帜,等于国民党(青天白日)的党徽。或制为长方形的旗,或制成圆形的、长方形的徽章。不在乎长方形的圆形的,不在乎旗与徽章,但同样代表了党,谁见了也知道是国民党,这就是标相的真正意义。所以,我建议福田衣条纹的僧伽标相,可仿照军人符号,做成长方形(宽度与长度,应视实际情形再作决定。但宽与长的比例,应依律制而比例缩小)的田形条纹,密着于右胸(一般徽章在左,但佛教是重右的)。为了免除进门挂上,出门除下的流弊,可仿照海青、长衫的牌子(中国古时俗服,此处本有花式。僧众采用,即不用花式而刺成牌子。有的说,这是代表衲衣相的),刺在服装上,明显地表彰出僧伽的身份。这一不离中国俗服而表彰僧相的建议,即不取中国古代的僧装与俗服分化,而恢复佛制的僧装与俗服合一。佛制三衣,即内衣、常(礼)服、大礼服,这是应该保存的古制。好在现代服装,不论是满装、中山装、西装,也有此种意义,所以不难协调。假定是满装,除裤子外,在衬衫与短袄上,可加刺五条田相。在长衫、夹衫、棉袍上,可加刺七条田相。在马褂上,可加刺九条田相。中山装与西装,都可依此而加上内衣五条、常(礼)服七条、大礼服九条的标相。这不仅是僧装与俗服的合一,而且是标相与保温实用的合一。如依此建议,不但中国内地的僧装问题彻底解决,而蒙藏、朝鲜、日本、南洋、欧美的僧装,也可以顺利采用而毫无困难。这种表彰僧相的僧装,对外是明确的,

不同于俗相的,随时随地能表示出僧人身份的。这才真的能
做到"三衣不离",而不是包起来带在身边的。对内却又一律
平等,没有阶级性,表象僧伽的和合。合于佛制的原则,合乎
世间的实况。统一而不妨差别的自由,差别而不碍统一的和
合。在不息的演变中,不会顽固守旧,也不会标新竞异:我觉
得这是非常合理的建议。

依佛制的意趣,僧装应该是:一、材料,以不杀生为原则。
不得用丝织品。二、价格,以不奢侈为原则。佛教为一般民众
的宗教,应保持淡泊、知足的传统精神。服装价值,可比例此
时此地的农工,及一般中下级公教人员的情形为标准。三、颜
色,以杂染色为原则。庄重、肃穆、宁静、和蔼,杂染色是最适
当不过的。不得用纯黄等正色,及鲜艳的杂色。四、大小,以
适中为原则。社会的服装,是时宽时窄、时长时短的,僧装应
取乎中道。但宁可宽大一点,表示雍容宽大,切勿过于窄小,
使人感到迫促。五、标帜,以显了为原则。在杂染色的俗服
上,刺上五条、七条、九条的长短条纹,因为比例的缩小,如做
九条以上,会混杂不明。至于标帜的颜色,为明显起见,可用
黄色(中国现在的大衣,多用金线)的,但也不一定。此项颜
色,佛教也曾有过区别,如五部的服色不同(西藏地区的红帽
派与黄帽派);中国明初的僧制:"讲僧衣红,禅僧衣黄,瑜伽僧
衣葱白。"此种颜色的不同,并不表示身份的尊卑,而只表示派
别。中国僧装的标帜,或也可以参照这种旧例而略有不同。
总之,我的建议,在"合乎佛制,不违世间",作大体的论定。如
觉得值得参考,那更需谨慎而周详的研考。尤其是有关实行

的时机与步骤,是更不能轻率的。

　　　　　　　民国卅六年二月十日,脱稿于世苑。

　　太虚按:吾原拟于修正东初职僧服上,再加以五条、七条、九条福田僧相的袖章或襟章,试制未试用,兹附提及。

四 僧衣染色的论究

——为服色统一运动而写

一 袈裟是什么

台北诸山新年团拜,发起了僧侣服色统一运动,这是佛教界的一件好事!研究小组发表的《中国僧侣服饰统一颜色商榷书》,说我国的僧服,"都是在家人服色,我们不宜于穿用,有违佛制。……应当同南传比丘僧服颜色一样"。圣严法师的《正法律中的僧尼衣制》,也依律制而有所说明。但律制难明,衣色还值得研究,所以我也来略加论列。

僧众所穿三衣,一般称之为袈裟。本来,衣的通名是支伐罗;僧衣的别名是僧伽梨,郁多罗僧,安陀会。习惯的称僧(三)衣为袈裟,义净以为:"北方速利诸人,多名法衣为袈裟,乃是赤色义(不尽然),非律文典语。"(《寄归传》卷二)其实不然,以袈裟为法衣的代名,是全佛教的公意,《法句经》、《长老偈》,早就这样称呼了。袈裟是一种颜色,如唐慧苑《音义》(上)说:"袈裟,此云染色衣,西域俗人皆着白色衣也。"玄应《音义》(卷一五)也说:"袈裟,此云不正色。"佛制僧衣,不得用印度俗人的白色,又不得用纯青纯黄等正色;称为袈裟,所以说"染色"、"不正色"。袈裟音为 Kāṣāya,与浊 Kaṣāya 音相近,所以或解为浊色。到底是什么颜色? 佛世并无一定。佛灭以后,那就要看习惯使用的颜色而定了。如北传(有部)说袈裟是赤色(汉译《善见律》说末阐提"着赤色衣",巴利原语就是袈裟);南传(铜镍部)说是黄色(或译袈裟为"黄金色衣")。

二　二类僧衣

　　说到服色,先要知道僧衣的二大类。一、粪扫衣:从垃圾堆、坟墓等处拾来的,早就沾染污渍或脓血的废布,洗洗补补,缝成衣服,名为粪扫衣。佛与弟子们,起初都是穿这种衣的。这种早就沾染杂色的粪扫衣,无论怎样的洗染,总是浅深不一,无法染成一色,所以粪扫衣是可染而不一定要染的。僧服的袈裟——染色、杂色衣,是从这样的服色而沿习下来的名词。二、居士施衣:自从耆婆童子供养贵价衣,佛开始许可僧众接受居士们布施的衣(布)。印度在家人习用的是白色,这当然要经过染色,才可以穿着。说到这里,有一论"三种坏色"的必要。在"波罗提木叉"中,说到比丘如新得衣服,要作三种坏色。各部律典对于三种坏色的解说,分为二说:甲说,三种坏色是"点净";乙说,三种坏色是"染净"。

三　坏色是点净

甲说，以化地部的《五分律》(卷九·波逸提七七)为例："若比丘新得衣，应三种色作帜，若青、若黑、若木兰。"佛制戒的因缘，是由于某比丘的衣服，与外道及其他比丘的衣服堆集在一起，无法辨认。所以佛制：如比丘得到了新衣——全新的，或新近得来的，要以这三种色，在衣上作一标记(大小有限度，也不能作图画)。这就是"点净"(净是许可的合法的意思)，也叫"坏色"。"作帜"，可见这并非僧衣的染色，而是作一标记，以便分别。作这样解说的，还有南传的《铜鍱部律》(大分别波逸提五八)，大众部的《僧祇律》(卷一八·波逸提四八)，摩偷罗(旧)有部的《十诵律》(卷一五·波逸提五九)，《萨婆多毗尼毗婆沙》(卷八·波逸提五八)。依铜鍱部律的觉音释，这是在衣角上点色。《僧祇律》说："当作点坏色衣。"《萨婆多毗尼毗婆沙》说："一切如法不如法衣，不作(点)净，着者波逸提。""五纯色衣，不成受持(不如法衣)……若作三点净者，突吉罗。"这是说：不点净的波逸提；颜色不如法的突吉罗。与《僧祇律》点净、染净的分别，完全一样。《十诵律》也说得很明白：如新衣是青色的，应以泥色、茜色来作净；泥色的衣，应以青色、茜色来作净；茜色的衣，应以青色、泥色来作净；如衣是黄色、赤色、白色的，那就应以三种色来作净。这决非在各种颜色(黄赤等色，都不是纯色，纯色应先染净)的衣服上，用三色去染成坏色，而是以三种坏色作点净。

四　坏色是染净

乙说，是法藏部的《四分律》(卷一六·波逸提六〇)、迦湿
弥罗《根本说一切有部律》(卷三九·波逸底迦五八六)的解说。
此外，还有《萨婆多部毗尼摩得勒伽》(卷六)，《根本萨婆多部律
摄》(卷一二·波逸底迦五八)，《根本说一切有部毗奈耶颂》。
说到制戒的因缘，是因为比丘们"着白色衣(在家服色)行"。所
以《四分律》说："坏色者，染作青黑木兰也。"《根本有部律》也
说："染坏者，坏其白色也。"《毗奈耶颂》说："新衣谓是白……染
色号袈裟。"论到染净与点净时，《四分律》说："得新衣，不染作
三种色……着新衣者波逸提。""不作(点)净，畜者，突吉罗。"以
不染坏色为波逸提，不点净为突吉罗，与甲说恰好相反。

五　应用何种染色

僧衣应该染色，不能用白色，是各部公认的。但应用什么染
色呢？依甲说：如《五分律》(衣法上)说："青黄赤黑纯色……应
浣坏好色，更染而着。"《铜鍱律》(小品衣犍度)说："着真青衣，
真黄衣，真赤衣，真茜色衣，真黑色，真红蓝色(胭脂色)衣，真落
叶色衣者，突吉罗。"《僧祇律》(杂跋渠四)说："不听着上色
衣……真绯(大红)，郁金染(大黄)，红蓝染，青染，皂(黑)色，
华色——一切上色不听(许可)。"《十诵律》(衣法上)说："真青
衣及真黄、真赤、真白……比丘不应着。"这可见染色方面，只是

禁止大红、大黄等上色(五大色、五纯色)。依《十诵律》,知道衣色有青、泥、茜、黄、赤、白等色(这都指非上色而说)。这只是禁止一些上色(还有绮锦,斑色衣等,各家都不许穿),其他的染色,就没有明确的规定。如依乙说,那染色就规定为三色。即使规定为三色,僧衣也没有统一的服色。依据律制,僧衣(袈裟)的服色,就是这样(南传的律典也一样)。

法定的坏色——三种色,各部律一致,只是译名小不同而已。旧译的《鼻奈耶》,作青、皂、木兰。《五分律》、《四分律》、《僧祇律》,作青、黑、木兰。《十诵律》作青、泥、茜。义净新译的《有部律》及《律摄》,作青、泥、赤。(一)青色,这并非真青色。依《大众律》(卷一八)说,有铜青(青而黑的)、空青及长养青,长养青即蓝靛。(二)黑色,或作皂色、泥色(《僧祇律》也以泥色来解说)。我国丛林习用的墨色,及浅深不等的灰色,就近于这一类。(三)木兰色,或作茜色、赤色,巴利语为 Kalasamam,这是带有黑色成分的赤色,赤多黑少,就是绛色。黑色深一些,就是缁色。这三类如法的染色,都不是正色,而且也不许带有光泽。

六　点净与染净

同一条戒,而甲说是点净,犯者波逸提;染色不如法,突吉罗。乙说是染净,犯者波逸提;不点净,突吉罗。二派的解说不一,判罪的轻重相反。佛制是不会两样的,这无非学派分化,由于环境习俗不同而引起的差别。就事论事,甲说应该合乎佛的意思。点净,在衣上作一标记,这有多大意义,而判不点净的犯波逸提呢？在佛的时代，关系是很大的，因为当时的服色，并无严格规定（只是不用白色）。彼此的衣服，无可辨认，如不能确认而随便拿一件，拿错了是犯盗戒的。如拿了而有人来争取，说不出证据，结果是徒然的纠纷，甚或自取其辱。如因不能确认而不敢拿，那就自己失去了衣。在古代，物资并不丰富，衣服的得来是并不容易的。而且失去了，又要去乞求，又是一件难事。这含有道德的、社会的、经济的种种关系，所以佛特立点净的制度。至于颜色（佛是不会想到统一的），即使不大如法，多也不过引起讥嫌而已。所以染色不如法，是突吉罗罪。从当时的环境去了解，重点净而轻染净，是有充分理由的！

　　说一切有部，本以摩偷罗为中心（用的是《十诵律》），发展到北方。在北方，又以迦湿弥罗为中心而向外发展；所用的律，就是义净译的《根本说一切有部律》。法藏部的化区，玄奘传说：乌仗那国有法密（即藏）部（《西域记》卷三·《慈恩传》卷二）。乌仗那在印度西北边省的 Swāt 河流域，今属巴基斯坦。义净的《寄归传》（一）也说：法护（即藏）部“唯乌长那国，及龟兹、于阗杂有行者”。据《萨婆多毗尼毗婆沙》（卷五）说：“罽宾有二种僧：一萨婆多，二昙无德（即法藏）。”可见法藏部与有部，在北方的化区相同；所以解说三种坏色为染色的见解，也就一致了。三色，为法定的如法色，以三色来染衣，是自然的、合理的。如（甲说的）《萨婆多毗尼毗婆沙》，也就以三色为如法的染色。这样的情形，在佛教及社会上，渐成为公认的僧侣服色，也就取得了与外道及一般衣服的辨别作用。如法（三）染色的僧衣，不但不会被误认，盗贼也不会要，拿去既不好穿，也卖不了，当不了。僧衣染色的对外辨别，是明显而经常有用的。在这种情况下，仅有对内（比丘）辨别作用的点净，自然的成为次要。现代的南传比丘，染色的重要性，事实上也重于点净了。律文（成文法）的三种坏色，本没有明说是点是染。而"波罗提木叉"的解说，以及"犍度"，起初都是僧团中的习惯法，传说下来，所以出入较大。佛教界以三色为染色的多了，凭这样的染色，就有辨别作用。这在传统不深的北印（佛灭一百余年才流行起来），学者就不自觉地重视染色，而以三种坏色为染净了。律制，本是渊源于佛制，在适应环境的僧团中发展完成的。如以我们现在的处境来说，也一定重于染净。所以迦湿弥罗有部与法藏部的解说，可说不合古旧佛制。但从现实的意义来说，也许更适合些。

七　金黄色衣

南传佛教国的金黄色衣，研究小组诸公，把它看作律制；圣严法师似乎对之有点困惑。我也没有什么研究，姑且解说一番。金黄色衣，汉译《中含》确有"瞿昙弥持新金缕黄色衣"供佛的记载，但与此相当的南传《中部》（一四二施分别经），及宋施护译的《分别布施经》，都没有说金黄色，而只说是新氎衣。然而，金黄色衣是有根据的。南传《长部》（一六）《大般涅槃经》，说到佛在涅槃那一天，有名叫福贵的，以金色的细绢衣一双，奉上世尊。佛受了一件，要他把另一件供养阿难。阿难将金色绢衣，披在世尊身上。佛身的金色光辉，特别显现出来。这也是汉译《长含·游行经》、《佛般泥洹经》、法显译《大般泥洹经》所说。

有部律《杂事》(卷三七)也说:"新细缕黄金色氎",当时"以刀截缕"(截缕净)而着。这件黄金色衣,传说很普遍,中国不是也有金缕袈裟的传说吗? 这不但是黄金色,而且佛当时就穿在身上。四阿含经是声闻各部共诵的,但上座部特重《长阿含》,南传佛教就是自称上座正宗的一派。所以《长阿含经》所说的黄金色衣,在这一学派中,是会特别受到重视的。

巴利文典的四尼柯耶"与四阿含相当",毗奈耶,对黄金色衣,与汉译一样的,还没有受到注意。而《小部》(俗称小阿含)教典,对金黄色衣是相当重视的了。小部《本生经》(一五七)说:拘萨罗王的宫女,以五百件衣(布)布施阿难。阿难分给同门弟子,染色而又割截成"如迦尼迦花色"的袈裟,着了去见佛。迦尼迦花,是黄色而又非常光彩的花。又小部的《小义释》,说到十六学童,都着黄色的袈裟而出家。《本生经》与《小义释》,集出的时间迟一些,但足以说明,金黄色的袈裟,在南传佛教中,早就受到重视了。《本生经》(一七二)的又一传说,极有意义。如说:瞿迦梨在大众中,升宝座读经(说法)时,下着乾陀拘罗尼吒草色的袈裟,上着迦尼迦花色(纯黄色)的上衣。乾陀拘罗尼吒色,大概就是乾陀色,是深黄带赤黑的袈裟色。所着的上衣,着在外面的,就是鲜明的黄色衣。从这一传说可推想为:渊源于佛曾受着的金黄色衣(阿难也有一件),受到一般的尊重。这种金黄色的法衣,起初是少数上座,及升高座读经说法时穿着的(如中国的大红祖衣,是住持主持法事,法师讲经所着的一样)。由于受到世人的尊重,普遍化而成为这一学派的特别服色。如以佛制的袈裟色,三种如法色来说,纯一的黄色衣,是"于律无稽"。但传说佛曾受着，而在佛教的发展中，建筑，庄严，衣服，一切都着重端庄严丽，起人信敬，黄色衣也就演化为南传僧团的庄严服色了！我觉得，律制的"如法如律"，是并不容易论定的！

八　印度僧侣服色不同

　　佛世僧众的服色，已如上说。佛涅槃后，印度佛教由僧伽的弘扬而广大起来。印度僧众所着的法衣，是什么颜色？西元七世纪（后半），义净三藏从印度传来的僧制，专宗说一切有部。说到僧服的染色时，这样说："出家衣服，皆可染作乾陀。或为地黄黄屑，或复荆蘗黄等；此皆宜以赤土赤石研汁和之。量色浅深，要而省事。"（《寄归传》卷二）又在《百一羯磨》（卷九）中说："乾陀色，梵云袈裟野，译曰赤色。"可见这是赤多黄少的染色。西元七世纪前半，玄奘从印度传来的报告是："色乃黄赤不同。"（《西域记》卷二）据玄奘所见，那揭罗曷国保存的"如来僧伽胝袈裟，细氎所作，其色黄赤"（《西域记》卷二）。梵衍那国所见的，阿难弟子"商诺迦缚裟（即商那和修）九条僧伽胝衣，绛赤色"。这虽不足证明佛与商那和修的服色，但可代表当时北印度的袈裟色。玄奘所见的"黄赤色"、"绛色"、"赤色"，就是义净所传的"赤色"、"黄赤和色"，不过黄赤的成分，多少不同些而已。西元六世纪中，真谛三藏传说："袈裟，此云赤血色衣。"（《玄应音义》卷一五）这都是一切有部的服色。至于玄奘所传，赤色以外的黄色，应该就是南传佛教的金黄色了。

　　请注意一项事实！有部律虽以青、泥、木兰为如法的染色，但事实上已统一为赤色(微带黄黑)。同样的,上座系的铜镖部律,只是除去正色,并未限定三衣的服色,而事实已统一为金黄色。僧衣服色的统一,并非表示全佛教的统一,反而是表示了宗派的对立。自声闻学派分化以来,不但义理与修持方法都有些不同;受戒、安居、布萨,甚至衣食住等生活习惯,也都是各有家风。同一宗派,同一律典,同一服色(后来宗派多了,就不一定如此),这是铜镖部与有部的事实,明白告诉我们的。因之,在西元二三世纪时,传闻印度律分五部的服色不同,我是相信的。《大比丘三千威仪》(卷下)说:萨婆多部着绛色,昙无德部着皂色,迦叶维部着木兰色,弥沙塞部着青色,摩诃僧祇部着黄色。《舍利弗问经》也说到五部服色不同,但说萨婆多部着皂色,昙无德部着赤色,与《大比丘三千威仪》说相反。然而事实所见,萨婆多部确是着赤色的,所以应以《大比丘三千威仪》说为正。律分五部,是北方佛教的实际情形,所以没有说到南方的铜镖部。我们没有事实可证明大众部不着黄色,所以对此五部的服色不同,不容怀疑。这一节,我要说明一点:古代僧侣的服色统一,并非全佛教的统一,而正代表宗派的对立,各有家风。现在南传佛教的一色黄,并非律制;并非全佛教的服色应该这样,而是说他们——锡兰、缅甸、泰、寮、高棉的佛教,属于同一宗派(上座分别说系铜镖部)。所以,中国佛教是否“应该同南传比丘僧服颜色一样”,还值得讨论!

九　中国僧众服色沿革

中国佛教,与北印度及西域的佛教,有特深的关系(晋宋间,始渐接触中印的佛教)。起初,出家者的名字,都加上师长的国名,如于、支、竺、安、康、白(龟兹),什么都随师学习,服色当然也跟着改了。其中北印度最盛大的学派,有部僧侣来中国的最多,也就与我国初期佛教的关系最深。《大宋僧史略》(卷上)说:"汉魏之世,出家者多着赤布僧伽梨。"这应是据《牟子理惑论》的"披赤布"而说。这是说一切有部的服色,但在中国,僧侣穿"缁色",早已为社会所公认。缁色是"紫而浅黑","浅赤深黑";如黑色再多一些,近于黑色。所以说到在家与出家,就说"缁素"、"缁白"、"黑白"。在北方,罗什的时候,已经如此。如姚兴令道恒道标罢道说:"苟心存至道,宁系黑白?"(《弘明集》卷一一)一直到北周时,还因"黑衣当王"的谶语,引起破坏佛教事件。在南方,宋文帝时,慧琳作《黑白论》;人称慧琳为"黑衣宰相"。这都可为那时的僧侣,都着缁色衣的证明。梁简文帝作《谢敕赉纳袈裟启》(《广弘明集》卷二八),颜色是"郁泥",似乎也是缁色。这种缁衣,实从有部的赤衣演化而来。赤衣并不是大红,也是红中带(黄)黑的。黑少红多,那种深红(被喻为血色)的颜色,可能不为中国僧众所欢迎,所以加深黑色,成为缁色。依律制,这是如法的染色,似乎比有部的更好些。不过,中国的僧服,不可能统一。律部传来了《四分》、《五分》、《僧祇》、《十诵》;五部服色不同,也传闻于中国了。在印度的声闻学派,不但律制(寺院组织,衣食制度等),就是义理、修持,都各有特色。在中国,一方面是大乘盛行,一方面是缺乏一贯坚定的宗派意识。所以,会随西来的服色不同而改变;也会探求律典,自行决定。缁白、黑白,虽成为公论,而据《僧史略》(卷上):"后周忌闻黑衣之谶,悉屏黑色。着黄色衣,起于周也"(时在西元六世纪中)。缁衣外又多一黄衣,但不知是否如南传一样的黄色!

"满朝朱紫贵",正红与紫色,是受人尊敬的士大夫的服色。据《事物纪元》:唐武后时,法朗等译《大云经》,并赐紫袈裟。这种赐紫的制度,一直沿用到宋代。紫色不属正色,虽西方僧众很少穿它,但也不违律制。唐时,印度佛教,除了黄色外,已统一为赤色。《四分律》南山宗的道宣律师,在《释门章服仪》中说:"木兰一色,此方有之。赤多黑少,若乾陀色。……今有梵僧西来者,皆着此色。"可见他虽然推重法藏部的《四分律》,而服色却顺俗而同一切有部。不过,三坏色中的木兰,其实与赤绛并不相同(参五部服色可知)。木兰色不如赤绛色的深红,反而是黄赤杂和而带黑色,也可说近于中国的缁色。尽管中国谈律,以后都说南山,而服色却并不尊重道宣的规定。到宋初,从赞宁的《僧史略》看来,僧侣服色,到处不同(也许是唐末衰乱,彼此割据所造成的不统一)。如说:"今江表多服黑色赤色衣。时有青黄间色,号为黄褐,石莲褐也。东京(汴京)关辅,尚褐色衣。并部幽州,则尚黑色。"正黑色,赞宁也说是不如法的。大概是误解"缁白"、"黑白"的本意,以为缁色就是正黑色吧!

元世祖时,"赐讲经僧红袈裟"(《释氏稽古略续集》卷一),可说是大红祖衣的来源。到明初,国家对佛教有一番整理的意愿,曾分僧众为三类:禅僧、讲僧、瑜伽僧(密宗、应赴僧)。规定为:"禅僧衣黄,讲僧衣红(承元制),瑜伽僧衣葱白。"明代重禅,也重黄色。旧有佛着金缕衣的传说,而黄色又是王家的服色。所以不但规定禅僧衣黄,太祖还赐道初法师"金缕僧伽梨";成祖赐雪轩禅师"金襕衣"(《释氏稽古略续集》卷二)。然而,这些已早成陈迹! 现在服色纷乱,虽不一定"有违律制",但如能统一服色,表现中国佛教的统一,到底是一件好事。至于什么颜色更适合些,那应该要在尊重律制、尊重传统的原则下,而后审慎地决定它!

五　建设在家佛教的方针

复兴中国佛教，说起来千头万绪，然我们始终以为：应该着重于青年的佛教，知识界的佛教，在家的佛教。今后的中国佛教，如果老是局限于——衰老的，知识水准不足的，出家的（不是说这些人不要学佛，是说不能重在这些人），那么佛教的光明前途，将永远不会到来。在这三点中，在家的佛教更为重要。

这是一个事实——过去的中国佛教，始终在出家的僧众手中。宋、明以来——佛教衰落以来，佛教更局促地被保守于山门之内。不但一般不信佛法的，误会佛教为出家人的佛教，学佛等于出家。甚至有些护法长者，也每以为"护你们（僧众）的法"，不知佛教是自己的佛教，护法是护持自己所信仰的佛法。出家的僧众，尤其是女众们，劝人学佛，每等于劝人出家，这所以造成社会人士的普遍错觉。时常听见人说：大家学佛——当和尚，做尼姑，不是家庭国家都没有了吗？这当然是大大的误会，然而误会的责任，决不在一般人，而在从来主持佛教的僧众。佛教越是衰落，越与社会脱节，误会也就越深。所以"学佛并非出家，学佛不必出家"，这是目前应该普遍宣传的重要论题。希望出家同人，切不可随便劝人出家！不要以佛法当人情，摄受无信仰的出家！不要把寺院看作衰老病废的救济所！应该发展在家的佛教(提高出家众的品质)，这才能免除社会的误会，使佛教进入正常而光明的前途。

什么是我们所要着重的在家的佛教？这包含两个重要内容：一、佛化的家庭；二、由在家佛弟子来主持弘扬。

佛教，本不限于出家的。声闻佛教，有广大的在家信众，称为"优婆塞"、"优婆夷"。大乘佛教，在家菩萨比起出家菩萨来，无疑的占有更重要的一席。佛教不但是出家人的，信仰、修学、证得，无论从哪一点去看，出家与在家，可说是完全平等。所以在家佛教的发展，决非是佛教的衰落。我们要促成在家佛教的发达，当然应向一般民间去着力，非增加在家的信众不可。而最有效的、最坚强的在家佛教，要从佛化家庭——由正信的在家弟子，从自己的家庭中去推动，再逐渐扩大组织起来。

一个在家的正信弟子，如果对佛法有正知见，有真信仰，那必然会流露"法味同尝"的慈心，使自己的家庭成为佛化的家庭，家庭的每一分子，能信受佛教，领受佛法的利益。关于这一点，一般在家佛教信徒，显然的非常不够。有的自己信佛，却从来不曾想到要他的家属信佛；父母、儿女、兄弟、夫妇，或者信仰异教，也以为信教自由，不妨各行其是。信教自由，当然应尊重他们而不可狂妄地干涉。然而，难道你得到究竟的真正的佛法，就心安理得，愿意你的亲爱眷属，永远漂流于佛教以外，沉溺于邪见之中，或者仅能得人天的福利，而没有解脱自由的希望吗？不可干涉他人的信教自由，难道就不应该善巧而温和地劝化吗？自己信佛而不想引导眷属来信佛，这是缺乏同情，辜负佛恩！连自己的家属,都不想引导他们来信佛,还说什么普度众生呢! 自己有没有化导家属信佛的能力,是另一问题,而化导家属来信佛的决心,每一真诚的佛弟子,必须贯彻始终,而进行温和的、长期的说服。

假使一位在家弟子,皈依三宝以后,暴躁的变为温柔,懦弱的变为强毅,疏懒的变为勤劳,奢侈的变为俭朴,欺诳的变为信实,怪僻的变为和易;在家庭中,对自己的父母、儿女、兄弟、夫妇,更体贴,更亲爱,更能尽着在家庭中应尽的责任。这样,家庭因此而更和谐,更有伦常的幸福,大家会从他的身心净化中,直觉到佛法的好处,而自然地同情,向信佛者看齐,同到三宝的光明中来。这是佛化家庭的最有效的法门,是每一在家佛弟子所应遵循的方针。最要不得的,是不知道从自己的净化身心去努力,去表现佛弟子的精神,却急急地要求在家庭中设立佛堂,早晚做着冗长的课诵;或者去寺院的时间过多,无形中忽略了对家庭的应尽责任;或过分施舍而影响家庭经济的健全。这使得过着共同生活的家属,感到他的消极气息,或者觉得很浪费,这不但不能引起家属的同情,引导家属来信佛,反而引起恶感,弄得家庭不和。即使由于身为家长,做儿女的不敢说,不好意思说,而这种不良印象,种下了儿女他年反佛的因缘了! 有些丈夫为了减少家庭的苦痛,多少将就他的太太,然而内心也永是隔碍着。为了爱护自己的佛教,为了引导家属得到佛法的利乐,正信的在家信众,应时刻检讨自己! 使自己成为对佛教的报恩者,而不是负债者!

时常见到,有些信佛的父母,不能本着佛陀的教诲(也许是根本不知道），去造成优良和乐的家庭；教导儿女，使儿女在德性、知识、技能等方面，成为佛化的良好公民。但知命令儿女去拜佛、烧香，命令儿女在早晚做着冗长的课诵，或者要他们蔬食。不理解青年儿女的心情，不培养儿女对于三宝的景仰同情，而只是按着牛头吃草，以为这就是引他们信佛，使他们蒙受三宝的恩光了。儿女未成年，还会莫名其妙地跟着学；一成年，就一切都变了！佛法是真正的信教自由者，信仰是需要自发的。所以父母对于儿女，应有适当的引导，而不是命令、强迫，使儿女从父母的慈爱中，接触到三宝的光明，引发对于三宝的同情。这才能在进入成年的时代，成为一良好的正信弟子。

我们要发展在家的佛教，不能忽略佛教在家庭中进行的正常方法！还有需要注意的，带有隐遁的、独善的小乘佛教，对佛化家庭是并不妥当的。在家佛教，不能不是人乘的佛教，从人乘而直接菩萨乘的佛教。

在家佛弟子，能弘扬佛法、主持佛教吗？这当然是可能的。从教典去考察：《阿含经》的质多长者，大乘经的维摩诘居士、胜鬘夫人，不都是弘扬佛法的龙象吗？我国古代的大德，在印度所亲见的，如法显与智猛所见的华氏城的罗沃私婆迷（或作罗阅示），玄奘所见的杖林山的胜军论师，磔迦国的长寿婆罗门，不都是传授大乘的法将吗？以近代的事实来说，如我国的杨仁山、欧阳渐；锡兰的达磨波罗长者。尤其是达磨波罗，他的摩诃菩提会，成为复兴锡兰佛教的支柱。在家的佛弟子，论理是可以负起弘扬佛法的重任的。然这决非说在家的就行，问题在在家的佛弟子，对佛法的信念、愿力、见解、实行，是否能具备主持佛教的条件。

释尊在适应当时的情形而建立的佛教，住持的责任，是属于出家众。然在佛教发展中，大乘佛教已倾向于在家中心了。佛灭千年以后，各处的佛教，变化都很大。如西藏的红教喇嘛，是娶妻生子的。著名的元代帝师癹思巴，就是这样的人物。在日本，亲鸾建立的真宗，主持佛教者也是在家化的。明治维新以后，日本的各宗，可说是一律向真宗看齐。在一般的观念上，虽然把红教喇嘛、日本和尚，看作出家的僧侣，其实是什么也不合出家的定义。称之为出家，简直是大讽刺！恰当的名词，应该是"主持佛教的在家众"。

建设由在家众所主持的佛教，有两点是必要的。一、组织的，二、入世的。释尊把住持佛教的责任，付托僧团，当时虽是出家的，却有着集体的生活，团体的纪律。唯有和合而健全的僧团（等于异教的教会），佛教才能因大众的协力，而迅速地发展起来。近代的中国佛教，由于出家众的缺乏组织，只能以个人中心而进行无组织的教化。缺乏组织，是不易存在于今后的世界。如在家众而还是如此，那是决不因为在家而有办法的。希望在家的佛弟子——热心爱护佛法的，要从同见、同行的组织去着手。在过去，如佛教正信会、佛教居士林等，虽说不理想，但确乎有过在家佛教的组织雏型。在家的佛教组合，必须由发心正确、动机纯洁的信众来组织，又从组织中加强信解，成为和乐的内修外化的教团。组织的核心分子，应该特别审慎！如不以佛法为重，而只是为了他有地位，有经济，或有点恶势力，东拉西扯，混沌一团。少数信解佛法的正信弟子，不问事，也不容许问。而主持教务的，却是一些特殊人物，无信无解，把持教团，那么在家的佛教集团，也还是毫无希望。建设在家的佛教，必须着重组织（不是耍政治），而要有以正信、正见、正行为核心的健全组织。

在家众，无论是声闻法、菩萨法，都有着正当的职业，遍及各个阶层。特别是大乘教的领导人物，如《入法界品》所见的大善知识，维摩诘居士所表现的不同身份，都是社会的中坚分子；以不同的业务，向同一的佛法而前进。所以在家的佛教，在共同的佛教组织中，应各从自己的岗位上去努力。自己所知所行的业务，即是修学菩萨道的道场。与自己有关的种种人，即是自己所摄受教化的大众。这才能净化世间，才能利乐人群！专心于宣教的说法师，处理教务的职员，那仅是少数人，如政党而有宣传人员与党务工作人员一样。发扬佛教与主持佛教，并不单是这少数人的事情，但这少数人，却是极重要的，应以佛法的信愿解行为标准，而从大众中推选出来。如建立在家佛教，不能把握这主要的意义，而只是强调厌离，卖弄神秘；工作方面，不着重入世的实际利行，而还只是敲敲打打，唱唱念念，坐坐说说，收弟子，争供养，那就大可不必多此一举了！在家中心的佛教，应该是依人乘而趋向菩萨；应将佛教的思想，推行到一切去。日本佛教徒的参与教育工作，锡兰摩诃菩提会兴办学校与医院，这多少可以作为在家佛教的榜样！

建设在家佛教，一方面从各人自身做起，做到佛化家庭。一方面在同见、同行、同愿的基础上，相互联系而组成在家的佛教团，来推行宣化、修持、慈济等工作。向这样的目标去努力，中国佛教是会大放光明的！

　　说到这里,有两点应解说在先,免生误会。第一,一般出家的僧众,听到由在家的佛教教团来主持教化等工作,可能非常反对。"白衣说法,比丘下坐",这不是末法的象征吗?在家众而主持教化事业,出家众又做些什么?如成为在家佛教,那不是三宝缺一吗?这应该分别解说。白衣说法,不妨说是末法的现象。然并非由于白衣说法而成为末法,反之,正由于出家佛教的衰落,而有白衣说法的现象。如出家众的德学集团,具足教证功德,白衣弟子哪里还想狮子窟里作野干鸣呢!由于出家众德学的衰落,真诚的在家弟子要起来赞助弘扬;半知不解的,也敢来一显身手。半知不解的颠倒说法,当然要加以纠正;而正信正见的大心居士,出家众不应反对他。要反对,应该先来一次自我反省。自己不能负责,而拒绝别人来,这是非佛法的。说到在家众主持教化事业,并不说一切由在家众垄断,出家众不照样可以弘法吗?天主教的神父与修女,是出家的,能主持教会而宣扬他们的福音;耶稣教的牧师们,是在家的,也一样的能主持教会。他们不是共存而并进吗?所以出家众不必耽心!如在家佛教发展,而出家佛教衰落到无法存在,这不是别的,问题在出家众本身的没落,自身不能适应时代而发扬佛教。如出家众自身健全,深入佛法而适应众生,那一定会与在家佛教携手并进,而且在佛教中,始终会居于领导地位的。这样,当然不是没有僧宝了。而且,在家众的教团,即是优婆菩萨僧。这不是伟大的个人,是在家众的集体组合,有着同信、同见、同愿、同行,有着民主自由的佛教集团。

　　第二,说到在家佛教,佛化家庭,或者会联想到日本式的佛教。有些人是以日本佛教为蓝本，而幻想着在家佛教的发扬。但契合于佛意、适合于中国的在家佛教，决不如此。老实说，现代的日本佛教，是从出家佛教而演变到在家佛教，在演变的过程中，背弃佛法而屈从世俗。日本式的佛教，不是佛教化的家庭，是家庭化的佛教。不是在家佛教，而是变了质的出家佛教。佛化家庭，是由在家信众促成全家的学佛，是一般的；而日本的寺院家庭化，却是少数的。佛教僧团的特征，是见和同解、利和同均、戒和同行。中国的古旧丛林，还多少有此美德。寺院子孙化，所以不是我们所赞同的。而日本的寺院，除少数本山外，都是父子继承的家庭。虽说有本寺与末寺的统摄，有对本宗本山的应尽义务，而实各寺庙的主持人，大都是为自己的家庭，为自己的生活而努力。而且，佛教是真正的信仰自由者，但由于家庭的承袭，而"寺子"成为当然的佛教主持人，这与印度的婆罗门教祭师、中国的火居道士，有什么差别呢！这样的佛教家庭化、父子承袭制度，是适应于家天下的政治形态，适应于家业私有制、承继制的社会。适应过去的时代，日本佛教有过辉煌的业绩。但如不能改进，永久停滞于私有的家庭化的阶段，时代会证明它前途的困难。当然，日本有日本的国情，有日本的传统，他们会关心自己的佛教，不一定要我们来担心。而在中国，尤其是遭受重大摧残而进行重建的中国，我们是应该加以深切考虑，不容许盲目地崇拜。

为什么说它是变质的出家佛教呢？因为，他们本是出家众，而放弃了出家的生活，回复了男女互相占有，经济的家庭私有。然而并不曾回到在家本位，放弃不了属于教团的寺院财产，放弃不了香火、经忏,放弃不了出家的标帜——袈裟。所以这是变了质的出家佛教,不是纯正的在家佛教。称为佛教教团,不论出家在家,教团的道场、经像、法物、财产,都应归于佛教的公有,主持者应从发心正信行愿精进中被推选出来。在家的主持教务者、宣教者,应由教团解决其家庭的生计;而家庭的经济,必须与教团经济分开。

中国佛教的前途,我们热烈地寄望于在家佛教的发展! 但希望它是民主而公有的教团,不是少数人的私物!

六 关于素食问题

素食——不肉食，千百年来为我国佛教界的传统美德，符合深刻而崇高的佛教精神！唯有具备深厚文化根柢的中国佛徒，才能把它充分地发挥出来，不但成为个人的行持，深入人心，而且戒杀、禁屠，曾影响到国家的政制。素食的意义，虽并不是一般素食者所完全了解，但到底是我国佛教界的优良特色！可惜！近三十年来，复杂的因素侵袭它，素食制逐渐地衰落，种种邪论谬说，大大地流行起来！这不能不说是我国佛教精神可悲的没落！难怪真诚护法的佛子，如印光大师等，要为此而痛心疾首，大声疾呼！

佛教徒为什么要素食？是否一定要素食？能否做到彻底的素食？为什么不能吃荤？这一类问题，时常有人问起。这确是社会人士所容易误解的，一般初学所急需了解的，也是护持中国佛教所不容忽视的。首先，我们要知道：在佛法中，荤是荤辛，指葱蒜薤韭等臭味极重的蔬菜。如大家吃它，倒也彼此无所谓；一人、少数人吃，而大众不吃，那股怪味，别人闻到了是不免恶心的。所以佛弟子避免食它；如由于治病而不能不食，即不许参加群众的集会，以避免别人的嫌厌。佛教遮制食荤，本义如此，与一般所说的不食荤(不食肉),并不相同。至于一般所说的素食,大体上与蔬食及不肉食相近。然依佛法说:佛教徒并非绝对的蔬食(吃菜)主义者,蔬菜中的荤辛——蒜薤等是不食的。也不是绝对的反肉食(从动物而来的食品)者,牛羊的乳酪,是佛所许食的。所以佛法不是一般所想像的食菜、不食肉,佛教徒的不食肉,只是"不杀生"的实践。

不杀生,为佛教处世利生的根本法则。一切戒行——道德的行为,都是以此为根源的。如归依是初入佛门的信行,归依时就说:"从今日乃至命终,护生。"实践护生,就不能不受戒。五戒、十善戒,首先是不杀生。归纳戒善的意义,是这样:不杀,是不伤害他人的内命;不盗,是不侵害他人的外命。尊重他人的身命财产,所以能护人的生。不淫,是不坏他人的家庭和谐,所以能护家族的生。不妄语,使人类能互谅互信,不欺不诤,所以能护社会、人类的生。如离去护生的精神,对人对世的一切行为,都恶化而成为不善的邪行了!所以,"护生"为佛法的重要核心,是佛教所本有的,大乘佛法所彻底发扬的。慈悲为本的不杀生、不食肉,都根源于此。

有的主张不妨食肉,有的认为非食肉不可。这些肉食者的见解,极为庞杂,而最欺人的,是挂起一面虚伪的科学招牌。认为:我们不能不杀生,非杀生不可;所以从不杀生而来的不肉食,毫无意义。他们以为:草木也有生命,所以蔬食还是不免杀生。又以为:素食(不肉食)是不能彻底的,饮一口水,水中就有多少生物!吸一口空气,空气中就有多少生物!如真的不杀生,不肉食,那就不能饮水,不能吸空气,唯有死亡而已。又以为:如基于仁慈的见地，如儒家的"君子远于庖厨"等，那只是不彻底的自我欺骗。这种见解，在一般社会人士，可说情有可原。如部分的佛教徒也附和而如此说，这不免太笑话了！听说日本的佛教界，也有这种类似的见解，我很难相信。日本的佛学，听说相当昌明，怎么会说出这种外行话来？也许偶有不入流的学者，顺从口舌而附和世俗的谬说吧！

佛法所说的杀生与不杀生，有着善恶——道德与不道德的性质。这不属于物理化学的科学世界，也不是显微镜与望远镜底下的东西（在物理科学中，善与恶是无法分别的）；这是属于情理参综的道德世界，心色相关、自他相关的有情世界的东西，应从情理、心境的关系中去说明。先从所杀的对象来说：杀生，指杀害有情识的众生（近于一般所说的动物）说。有情识的众生，都有求生恶死的意欲。如受到伤害或死亡，会引起恐怖、苦痛，引起怨恨、愤激、敌对的行为。例如人与人间的相杀，会造成彼此积怨，相仇相杀的敌对情形。草木是无情识的众生，虽也有繁殖、营养等生命现象，但受到伤害时，仅有物理的反应，而不会有心识的反应。如砍伐草木，不会激动草木，引起彼此相仇害的敌对性；更不影响自己，保有残杀的业感力。所以佛法所说的杀生，着重在对方有否心识的反应，会不会因此引起相仇相敌的因果系。"食蔬也是杀生"的论调，显然没有弄清楚这种事实，没有明白杀生所以要禁止的真实意义！

佛法的杀生，专约有情的众生说。虽是一样的有情，由于对人的关系不同，杀生的罪过也有轻重。如杀人，这是重罪。如杀害对自己、对人类有恩德的父母、师长、圣贤，那是罪大恶极了！

如杀害牛羊鸟雀虫鱼，虽是有罪的，但过失要轻得多。同时，杀生罪的构成，应综合杀者的心境来论定。这又可略分三类：一、明确地知道对方是有情，由于贪、嗔、邪见，经审虑而起决定杀害的意欲。这样而杀人，固然是极重罪；杀畜生，罪过也还不轻。二、如牛羊虫蚁等众生，不但应该避免杀害，也是可以避免杀害的。如不能警策自己，漫不经心地在无意中伤害它，这虽然有罪，不过是"恶作"轻罪了。三、如杀伤时，不但没有杀害的心，也没有知道有众生，这如平常的饮水与呼吸一样。这即使有所伤害，是不成立杀生罪的。佛法所说的杀生，指构成罪恶的杀生；这与世间的法律大体相近，不过彻底一些罢了！如世间的法律中，蓄意杀人，无意中过失杀人，犯罪是轻重不等的。又如失性的狂人、愚騃的幼稚，即使无意中造成伤害的事实，也不成立杀罪。

佛法所说的杀生与不杀生，是合情合理的，不是难懂的。而挂起科学招牌的杀生论者，却把它混沌一团，看作无关于情理、心境的——非人的事实。这才从不能避免杀生，作出不妨杀生、非杀生不可的结论。照他们这种见解来推论，世间不免斗争，就应该不妨残酷地斗争，或非残酷地斗争不可。对于反对残酷斗争，而倡导不相侵害的和平，也应该被反对了。这些杀生论者，不是别的，是真理与道德的抹煞者！如佛教徒而附和此说，那无疑是"破见"的痴人！

有以为：佛教徒，就是出家的僧众，也不妨食肉。因为依据经律的记载，释尊与弟子都是不禁肉食的。到现在，锡兰、缅甸、暹罗的僧众，生活起居，还近于印度旧制，也都是肉食的。蒙、藏的喇嘛,日本的僧侣,也都是如此。这可见,不肉食是中国内地佛徒的特殊习惯,并非佛教徒必守的规戒。这种依据各佛教国的事实来说明,看来极有道理! 然而这里有一先决问题,不能不弄明白——佛教以护生为处世利生的指导精神,以此为崇高的理念,而使人从实际的生活中,不断向上进步。这必须透过时地因缘,从可能处做起,逐渐地提高扩大,不能一概而论,成为空洞的高调。所以佛法有人天法、出世法等级别。我们应该谅解渐入的方便的,引导而进入彻底的究竟的法门,而不能偏滞于不彻底的部分。

不错,印度佛教——佛世与后来的弟子们,是肉食的,然而并不杀生。在戒律中,不但严禁杀人,并不得故意害众生命;连水中有微虫,还得常备漉水囊,以免无故的伤害。不杀生,无疑是佛法严格贯彻的。然因为佛与弟子过着乞食的生活,只能随施主家所有的,乞到什么就吃什么。佛与弟子决不许为了口舌的嗜好,亲自去伤害众生,或非要肉食不可。为了游化乞食的关系,随缘饮食,不能严禁肉食。既不起心去杀,也非专为自己而杀。这虽然肉食,并不曾违犯杀生戒。所以当时的肉食制,也有限制:对于施主供施的肉食,看到他为自己而杀;或者听人说是为了自己而杀的;或者疑惑是特为供养自己而宰杀的,就谢绝而不受。因为这样的肉食,众生由我而死,本是可以避免的而不知避免,是违犯不杀生的。佛法的遮禁肉食,并不因为它是肉,而因为是杀生。一般不知道不杀生的意义,不知为了不杀生而食肉,并非为了是肉而不食肉,这才不免异说纷纭了。这样,过着乞化生活的比丘,只要是不见不闻不疑,肉食是不犯杀生戒的。然而如受某一信徒的长期供养,那就应该告诉他,不要为自己而特设肉食。否则岂不明知他为自己杀生,怎可推诿为佛所许可的!如肉食惯了,觉得非肉食不可,这是为味欲所拘缚,即使他是锡、缅、暹等地的僧众,也是根本违犯了佛陀的慈训,丧失了佛教的精神!

佛教的出家制,本是适应印度当时的乞食生活。在这种生活情况下,对于一般食物,是无法十分拣择的,只能有什么吃什么。这是适应时地的方便,在释尊的悲心中,决不以三净肉为非吃不可。所以将佛陀精神充分地阐发出来,在《象腋》、《央掘》、《楞伽》、《涅槃》、《楞严》等大乘经中,明朗地宣说:佛弟子不应食肉。食三净肉是方便说,食肉断大悲种,(故意杀生)食肉是魔眷属。大乘不食肉的教说,是绝对契合佛陀精神的。这并不是一种高调,是适合实情而可行的。因为比丘们起初虽过着乞化的生活,在佛教发扬时,得到了从国王及信众布施而来的广大土地,虽由净人耕作,净人送供,而实是自己的东西。一部分,受某一信徒的长期供养(还是每日托钵的)。沿门乞化(临时上门乞化,或得或不得)的生活,逐渐变质。在这种情形下,如比丘而肉食,当然是为了自己的嗜欲而肉食,怎能说不犯如来的禁戒?所以大乘隆盛的时代,坚决地反对肉食。又如我国的寺院,都过着自耕、自买、自煮的生活。如我国的僧众而食肉,试问怎能不犯如来的禁戒?不要说大乘,声闻律也是不会许可的。有些为了自己要吃肉,而引证锡兰、缅甸等僧众的肉食为例,解说为中国僧众也不妨吃肉,这是不究实情的、顺从私欲的妄说!

蒙、藏的佛教徒,也是肉食的。蒙、藏为畜牧区(印度与中国内地,都是农业区),主要的食品离不了牛羊。在这种环境下,不肉食是不大容易的。比例于乞食生活而受三净肉的方便,蒙、藏区的肉食,如能不自杀,不教他杀,是可以的,不犯杀生戒的。

另一肉食的主要理由,蒙、藏所重的佛教,是秘密乘,与声闻乘及大乘,是多少不同的。显教大乘所崇仰而趣求的佛果与菩萨大行,是大悲大智,示现柔和忍辱的慈容,特别表现了慈悲的德相。以此为典范来修学,重于慈悲,所以不食肉为信徒的戒行。密乘所崇仰的本尊,是(说是佛菩萨化身而)表现为忿怒、贪欲的夜叉、罗刹相。以欲界(三十三)天的夜叉、罗刹身——执金刚为理想,自己生起我就是金刚的天慢(也名为佛慢),向夜叉、罗刹学习,希望自己能成就夜叉相的金刚身。夜叉与罗刹,一向是饮血啖肉(残害人类),邪行淫乱。在声闻与菩萨藏中,降伏他们,教化他们,要他们不再血食,远离淫乱,不杀生类,护持佛教。而密乘呢,向他们学习、看齐,所以学他们那样的肉食,向他们看齐,当然非肉食等不可。听说,食肉对于淫欲为道,是极有意义的。

从环境说,蒙、藏区的肉食,是不得已的方便。从信仰说,发心修学饮血啖肉(说是佛菩萨化身)的夜叉法、金刚法,这是密乘学者的信仰自由,我们无话可说。对于现夜叉、罗刹相的本尊,当然不能以人的道德,以示现慈悲柔和相的菩萨行来批评。不过我们的浅见,总希望依菩萨乘法而化夜叉,不赞成依密乘而夜叉化。

约环境,约信仰,蒙、藏佛教徒的肉食,值不得批评,也值不得效法。如秘密乘而传入农业区的中国内地,肉食惯了,不能不肉食,就大有问题。不过中国的佛徒,既然想修学饮血啖肉的(说是佛菩萨化身的)金刚法,发心向夜叉、罗刹看齐,那我们没有别的,只能寄予慨叹的同情！但愿不久的将来,不致变成罗刹、夜叉的世界。

　　然而受有蒙、藏佛教影响的肉食论者,离奇的解说愈来愈多。有的说:学密而非肉食不可,为了破执。这个世界,充满了肉食者,不肯素食者,不提倡素食以破肉食论者的妄执,却一味向少数的素食者,引诱他们肉食,这是什么道理？难道肉食的密乘,专为少数的素食者而说教吗？有的说:我们肉食,是为了要度它。照他们的解说,为牛羊加持念诵,就与它结得度的因缘了。假使真是为了度它,难道不想度你的父母,度你的儿女,为什么不吃你的父母、儿女？如以为父母、儿女,另有更好的度法,那么普度众生,蜈蚣、癞虾蟆、粪蛆、蛔虫,这一类众生,难道不用度它？为什么不吃它？肉食论者的一切诡辩终归徒然！老实地说吧:为了要吃它,所以说要度它;哪里是为了度它,所以要吃它！

　　一分内地的佛教徒,既不生长畜牧区,又不奉行秘密教,却援引蒙、藏佛教徒的肉食,为自己的肉食作辩护,真是可怜可笑！

　　日本佛教,过去承受中国的佛教;一直到现在,真宗而外,大本山还过着素食的生活。从真宗开始,带妻食肉,其他的宗派也跟着学,这才渐与中国佛教脱节。日本佛教,虽有僧侣,但大都不曾受出家戒;实际上,可说是在家众的佛教。说日本佛教是超脱声闻乘的出家制,进入在家本位的菩萨乘,倒不如说是从出家的声闻制,退居一般的人乘。日本佛教徒的肉食,我们是不应该用严格的、崇高的标准去评论他们。

　　护生,是佛教的根本精神。这是一贯的原则,而在实践上,是不能不适合环境,不能不适合根性的。从环境说:或由于乞食制,而方便地许受三净肉;或由于畜牧区,而方便地习行肉食。这只要不自杀、不教他杀、不直接为自己而杀,肉食是不违背不杀生戒的。然如中国的僧众,自买自煮,这是无论如何,肉食总是有违犯的。环境有它的特异性,不可一概而论。而佛法的大悲护生,应始终作为最高的理想,切不可偏执方便来反对究竟!

　　从根性说:如真为大乘根性,学大乘法,那应该绝对地禁断肉食,长养慈悲。如是着重为己的声闻,如来有三净肉的方便。如为一般信众,既不曾发出离心,更不曾发菩提心,实还是仰望佛法的人天乘。这除了不得杀人而外,对于畜生类的杀伤与啖食,虽然是杂染的、过失的,却不能严格地苛责。因为无始以来,颠倒轮回,众生一向是如此的。为了引导他们趣入佛法,不妨于白月黑月(中国通用朔望),或六斋日,或短期的,勉励学众来严持不肉食戒,以为趣入佛法的加行。换言之,对于一向肉食的信众,一下子禁断肉食,不如方便地渐次引入的好。

　　中国佛教徒,素食惯了,每误会为"学佛非素食不可"。对于学佛而肉食的,存着轻蔑心、毁谤心。这不但使肉食者不敢学佛,更引起肉食论者的邪谬反应。肉食者肉食惯了,或者舍不了口舌的滋味,于是乎造作种种理论,从不妨肉食,说到非肉食不可。不但学佛可以食肉,而且反对素食者。以肉食为合理的,应该的;反对素食,破坏素食的种种道理,都是不成道理的道理!希望劝人肉食,而自己非肉食不可的朋友,少作谤法恶业。朋友! 这是断灭佛种的谬说呀!

七　编修藏经的先决问题

一　前　言

最近,台湾佛教界举行了两次大会:一为玄奘大师灵骨塔寺筹建委员会成立大会,一为修订《中华大藏经》会成立大会。一是对于佛教古德的崇仰追思,一是对于佛教圣典的纂集流通。这两件大事,都相当艰巨,都非常重要。可以说,这可以预见法运的昌明,足征国运的中兴。这是怎样的大事,好事! 每一佛弟子,都会随喜赞叹!

塔寺的筹建,要钱;经典的搜求、编集、印行,也要钱。出钱作福,是在家佛子的事;筹款方法等,我不用多说。关于圣典的编集,过去曾说过几句。读到大会散发的《修藏编例汇录》,《分类汇录各方关于修藏意见》,《中华大藏经范本》,觉得还在各抒高见阶段。主持修订诸公,是这样的不拘成见,广征众议,我也就敢来饶舌一番!

修藏的事体大,问题多,真是说也说不完。不过,作为根本的先决问题,有首先决定的必要。什么是先决的根本问题? 就

是为什么修藏？准备修成什么样的藏经？修订诸公，不愿意少
数决定，等待大家来讨论，大家就应该先讨论这个问题。譬如要
修房屋，东方宫殿式也好，西式洋楼也好，日式的木屋也好，台式
的砖房也好，茅舍也未尝不好。问题在为什么要修？修在什么
地方？修成作何用途？如为了大众，简单的平民住宅，最适宜。
工厂等建筑，西式的好。在山乡，绿树阴浓，盖上茅草树皮，真是
冬暖夏凉！如想修建小菜市场，那么宫殿式就大可不必。所以
各方的宝贵意见，琳琅满目，都不能说不好。但如将这次修藏的
根本方针决定，那可能有些是多余的意见。先将根本方针决定，
那才会事半功倍，不致浪费宝贵的时间与精力！

二　求精要——选藏·续藏

　　各方对于修藏的意见，可归纳为四种不同的愿望：一、"求
其完备"，二、"求其精要"，三、"求其通顺易晓"，四、"求其传布
世界"。大家本着这种不同的方针，发表高见，当然难得定论。
先说"求精要"。此次修藏，初以屈映光居士"择地静修"，发心
遍读藏经，由此发心来发起修藏。最初就拟定了四大法典——
选藏，续藏，译藏，总目录。选藏与续藏部分，就是出发于"求精
要"的方针。我不赞同分为选与续二藏，但对于求精要的大方
针，觉得极有意义。当然，我决不反对求完备。依草案初意，凡
已经编入（二十六种）汉文大藏的，"去同取精"，选辑为选藏。
凡汉文佛典而不曾收入藏经的，或藏文与巴利文典而没有译为
汉文的，都选取精要，译成汉文，编辑为续藏。此一草案的原意，

有两大特色：一、以一切佛典为对象，不限于汉文所固有的；二、选取精要。所以，在内容实质上，比旧有的大藏经扩大而充实；在文字数量上，比旧有的大藏反而减少得多。这种义丰文约的方针，也许是由于屈居士知道些汉文大藏所没有的，又读到汉文大藏而引生的见解。屈居士的这番主张，原因也许与我一样。假使有更多的人，知道汉文大藏以外还有佛法，而且发心去读藏经，可能会有更多人感觉此一方针的意义。

藏经，是了解佛法所依的文献。阅读藏经，不仅是"念诵功德"，更是为了了解，为了增进信心，策发修持而求得必要的胜解。然汉文大藏，过于庞大：清藏有七千余卷（每卷平均八九千字），大正藏约近万二千卷，读者是难免望洋而兴叹的。记得我初读大藏，从《大般若经》开始，一字一句读下去。经过四个月，才读完般若部的七百五十卷。由于每天要读五六万字，浮光掠影，不能深切了解。读完了才觉得，如选读一百五十卷，甚至精选七八十卷，每天读五千字，还是一样的赅摄般若全部，毫无减略。如每天读五千字，应有讽诵、吟味、潜思、默会的更多时间；经四个月的修学，不是更能深刻了解吗？可是四个月已经过去了！我没有空过，却所得过少。汉文大藏中，重译的，别出的，综合而另成部帙的，大同小异的，实在不少。如精选一下，内容还是与全藏一样，却节省了时间与精力。这对于主持佛教的（与一般信众不同，最好能多少了解大藏的各部门），世间学者而想进求佛学的，不是给予更多的方便吗？同时，汉文大藏经，虽这样的庞大，却还只是世界佛教三大系之一。佛法本一味，有了中国大藏，甚至有了一经一论，也许并不缺少什么。但在佛法适应广大人群时——某一时代、某一区域、某一根性，确实流出了不同的义解，不同的修持。现在进入世界佛教时代，应该扩大心胸，重视古今中外的一切佛法；希望能从此陶铸出、抉择出更本真的，更能适应时代的，更能广摄众机的佛法。这不但充实了中国佛教的内容，也发扬了中国民族精神的伟大——广大涵容。这两点，我一直这样想。所以见到修定大藏经的原草案，"选而又续"的办法，使我大大地叫好！

三　求完备——新编整体大藏经

"求完备"的意见，由续明、本际法师、华严关主，与蔡念生居士（蔡君局于汉文）等提出。照原发起人本意，"选而又续"，不妨称为"大藏经选粹"（蔡念生居士说）、"大藏经选刊"（续明法师说）、"简藏"（韩同居士说）；或者称为"佛藏备要"、"佛藏丛刊"、"佛藏精英"等，这才名符其实，而原提案人却要称为"中华大藏经"（这个名称，号召力大，容易使人发心来出力出钱）！据千百年来编修大藏经的旧例，对于印度译传的圣典，决无取舍选择的余地，只有遗落而没有删削（除伪妄部分）。所以顾名思义，大藏经应该力求完备，应该新编完整的藏经。求其完备的意见，我一样赞成，因为有它的好处。一、保存（总集）佛教文化——中国佛教文化在内，成为佛教文化的大总汇。二、供给佛教研究资料：无论是佛教的历史、义理、制度；佛教与印度宗教、中国儒道文化关系；古代东方文化的交通等，都能给予充分的资料。至于编修大藏，预兆国运的昌隆（宋初、明初、清初都如此）;建阁珍藏,恭敬供养,为众生作福等,也是好处之一。总之,如为了解了(与主持佛教者关系最切),大可以选取精要;如从少数佛学研究来说,资料应求详备。如《般若经》的《大品》与《小品》不同,初会、二会与三会也有差别,都可以比较研究,一切都有价值,都应该编入。求精要是精兵主义,求完备是多多益善。这都是好的,问题在你准备修成什么样的藏经!

四　求通顺易晓——语体文本

主张"通顺易晓"的,便是使用现代的语体文,这是韩同、李添春、方伦诸居士,在原草案以外,另行提出的宝贵意见。佛教的教典,一向是文言(除禅宗的语录,但也与现代语体不同),但不是古文,是之乎者也很少的、字句很整齐的一种翻译文学。从前日本也使用这种经文,著作也用此类文体。到近代,汉文的学习渐衰,所以有"国译大藏经"、"和译"阿弥陀经等出来。否则,佛教为语文所困,势必衰落下来。现代中国虽还是用汉文,但从语体文发达后,文言的佛典,一天天觉得难懂了! 唯一办法,只有改译语体文。这对于佛教的普及传布,有非常的价值。从这点说,求通顺的语体化,比上二项更有迫切的需要。

然而,佛经的改译语体文,只能好懂一点,并不就一切通顺易懂了。因为佛经不是小说、故事,佛经的难读,因素极多。从内容说,如理论化的深义,内心体悟到的胜义,都不是一般心境所能容易领解的。例如"色不异空,空不异色,色即是空,空即是色",你怎么改译,一般人也不会一读就懂。例如相对论、四度时空等，真能懂得的，只是绝少数。世间学术尚且如此，何况深奥的佛法？这是难在义理的深奥。又如佛教的事相，推究得细微严密，非条理密察、记忆力强的人，不易深入。有的接触到广大法相，如入迷宫，摸不着头绪。这是难在事相的繁密。再从文字来说：一、音译梵语中，人名如舍利弗、弥勒等；地名如迦毗罗、罽宾等，初学者一时莫名其妙。其实，英吉利、纽约、伦敦、梵蒂冈、艾登、艾森豪，这不一样是音译吗？这根本不需要解说，只要多听多读，熟习了都与我们的故乡老朋友一样。文言与语体，毫无差别。还有梵语名词，如菩提可以译为觉，但这不是一般的觉。般若可以译为慧，但不是一般的慧。横竖非解说不可，译成汉文，反而会望文生义，倒不如保存音译的好。又如阿赖耶识，可以译为藏识，或者更译为现代的术语；但在我们自觉的心地中，一样是生疏得很。二、专门术语，佛说的就不少，印度与中国、日本等古德，又创造一些。由于佛教传布的时空太悠久广大了，这种术语，收集起来，真是多得惊人（同一术语而各派解说不同，更当别论）。这只是多了些，但不是不容易懂，而是要经过学习才能明了。世间学不也是一样吗？哲学家，都不但继承前人，总又有一些自己的术语（哲学辞典所收，就太多了）。无论是哲学、政治、经济、物理、生理、医药等，哪一科没有很多的专门术语？这都要经学习而熟悉起来，并无取巧办法。无论是文言，或者改为语体（不能尽改，也不必），都还是一样非学习不可。三、佛法中术语而带有数目的极多，如五蕴、十八界、十地、七菩提分等。这并非佛法所特有，如五常、五伦、四维、八德、七出、八卦，不也是一样？即使是少些，总之非学习、非记住内容不可。所以佛经的难读，不只是文言问题。当然，如改译为语体文，总是方便得多了！

近代的中国佛教，与知识界过于疏远，很少人曾读过佛经。经中平常的事理，也会茫然不解。正像身入异国，一切是生疏的一样（过几天就会熟习起来）。修学佛法的，一分是由于年龄关系，急切地希求横超直入，所以每是粗通大义，不能深入。像屈居士那样年龄，学佛几十年，还发心来遍读大藏，真是凤毛麟角！一分文字基础较差的，或事业过于繁忙的，更是绝大多数。在这种情形下，不要说社会人士觉得佛经难懂，连佛门中人，甚至弘法传教的，对一些简要事理，也认为太深了，甚至觉得没有多大用处。这唯有佛法逐渐普及，主要是重视教典的义学，阅读研究的人多起来，才能解决这问题。总之，佛经的难读，不全是文言的障碍。论理，中等教育以上（应有阅读文言的能力），发心弘赞佛教的人士，不会因文字而障碍修学。据我所知，中国近几十年的僧众，较能深入佛法的，很少曾受过正规教育，都是从不断的学习中得来。

选译佛典为语体文，可说是迫切需要的工作。但这是为了通俗，为了"研求佛法的初步知识"，为了"一般信众的基本信解"。这与"求完备"、"求精要"不同，选辑就不必太多，不妨称为"语体译本佛教圣典丛书"，大概三百卷就足够了（将来再多多译出，当然也很好）。一分为印度译传的圣典，一分为中国古德的精心杰作，就多方面的内容平衡分配。韩、方、李三位能注重这一着，最好能互相联络一下，再征求教内的法师和居士合作，论才力与财力，都还不太艰难。这既出大藏编修发起者的预计以外,如觉得语体译本的切要,似乎可以另行组织去做。不过,如编修大藏会而同意的话,那么另成立一小组,附属于大会也得。

五　求传布世界——译藏

"译藏",是翻译佛典为外文,先从英译做起,这是出发于"传布世界"的要求。无论以此来沟通南传北传的佛教,或以佛法去化导西方,救济西方文明所造成的世界危机,都极端重要。关于这,我曾说过:"译藏要紧,应另成专编,不宜夹在《中华大藏经》中。"无论大家的意见如何,结论如何,将译成外文的汉文佛典编入《中华大藏经》,我是怎么也不敢苟同的。这犹如现代中国,再来增修《四库全书》,决无把译成外文的《论语》与《老子》编在里面的道理。从前慈航法师主张重新编印藏经,分为四大法典(原草案的四大法典,应该是受有慈师影响的):《中国佛教大藏经》,《中国佛学白话丛书》,《佛教 ABC 丛书》,《佛教英文丛书》。语体文本与英译文本,也是没有编在《大藏经》以内的(与我的意见一样),也许可供主修诸公作一参考。所以,译汉文佛典为外文,最好照道安法师所说:"俟大藏经编成后,再英译选藏,或法文选藏。"如觉得迫切需要,还是另行组织来推行。这不是别的,是怕主修诸公所负的责任太艰巨了!不过,如主修者而自觉确有兼顾的能力,那不妨在大会下,另设一编译外文佛典小组去负责。论到选译汉文佛典为外文,应该先译些什么,续明法师、李添春与方伦居士,都主张依据"选藏"。然据选藏的意趣,与译传世界的当前急切需要,似乎不能完全相合。尤其是大量翻译,人才难得!南亭法师说:"选译经论中,于国家社会有实用,或供宗教信仰之修养者";及盛成教授所说:"先多译小册子。"虽似乎不够伟大,但也许实际而做得通些。

六 两项先决问题

问题可以总结了。建议中的语体文本、外文译本,充其量,也只能附属于大会,而不是大会所应办的主要事业。留下来有待决定的是:到底求其完备的大藏经,还是求其精要的选而又续?这一问题,使我迷惘。"修订中华大藏经",已由发起人呈请,由内政部备案,举行成立大会了。而在发起又主修的屈居士,似乎还是求精要的原方针。他在大会致词中说:"拟一,先以十二年,集合中、韩、日、汉文藏经,去同取精(意指"选藏");并于中、日汉文藏经遗漏未收入者(意指"续藏"),……并'译藏'及'总目录',成为中华大藏经。"新编整体的中华大藏经,与原草案中四大法典的中华大藏经,大有不同。我觉得这是急待先决的问题。

我是赞同屈居士原意见的,然也赞同求其完备的新编整体大藏,只是觉得先要决定一下。无论是新编整体大藏,或选而又续的大藏,还有第二项重要问题先要决定,这就是:还是以现有的汉文译本及汉文著作(包括日本古德作品)为范围?还是求其充实,不但搜求未编入藏的汉文本,还要翻译藏文及巴利文的教典而编入大藏?照续明与本际法师,周邦道与方伦居士的意见，都有新译的编入。屈映光居士也如此，如大会致词中说："释尊一代时教，其佚而未传（华）者，或传而未备者，实不可计量，此本会所应继述者一。佛法有南传北传之分，学者间有诤论，实非释尊说法本旨，此本会所应负责融通者二。"这显然不以现有的汉文教典为满足，而着眼于藏文及巴利文教典的新译（非汉文所有者）。这么一来，求得藏文及巴利文教典，不算太难，而翻译的时间与人才，却应该考虑。论时间，怕十二年中，连翻译的工作都未必完成呢！巴利文已不少，藏文教典的数量更多！论人才，也不容易求得这么多人。如真的依萧纯伯居士提议："先办大学，养育人才"；或如尚因培居士提议："训练通才数十位"，对于佛学，文字——汉文、藏文、巴利文——修学有成就，也许要十二年吧！法务过于伟大，主修者似乎应对此作一郑重的考虑！如以现有汉文译本及作品为限，倒是比较简单些，大概朱镜宙、蔡念生居士是作此计划的。不过，当此佛教进入国际性的时代，专以现有汉文本为限，似乎狭小了些。即使为了尊重现实，不需要设想得那么远大，但总觉得，不空前也得媲美前修呀！抗战期间，上海编修《普慧大藏经》，后经太虚大师改名为《民国大藏经》。据我所知道的，（由印度）南传的教典已全部译出，编入大藏（已印出两三册）。他们是依据日译本，分由夏丏尊等译出，有的译为语体文。太虚大师以为：最好能依据巴利原本，参考英译本，重新校正一下，成为一完善的汉译本。上海方面的译本，怕无法取出，现在如因陋就简，不再译编，似乎不及抗战期间的气魄，不足以象征国运中兴时代的景象！当然，发起又主修者的心境，不但如此，而且还记着藏文教典呢！

"千句并一句，目录第一"！其实，在此以前，应该决定一下：还是求其完备的大藏呢？求其精约的"选而又续"呢？还是专以现有的汉文本为限呢？更补译藏文巴利文本以入藏呢？问题都不简单，得好好地考虑一下！

八　佛书编目议

何日章馆长希望我能把佛书拟一分类目录,可以适合图书馆编目的需要。这不但图书馆需要有一较为合适的佛书编目,佛教自身也是非常需要的。我就答应他,可是审细地思索起来,问题并不简单,迟迟而拿不出来。

先从佛书的内容,以及从来的编目情形说起。印度传出的(古典的)佛书,起初是编为二大部:一经藏,二律藏。大概地说,经是重于义理的、智的,重于个己修持的;律是重于制度的、业的,重于团体的作法。经义与律义的分别解说,逐渐发达,起初都是附属于经藏、律藏的。后来,经义的论说,独成论藏,与经、律鼎立为三藏。而律义的分别解说,始终附属于律藏中。后代佛教的发展,露出了偏重于义理的倾向。

说到经藏,从《杂含》而次第别编,成为《杂》、《中》、《长》、《增一》——四阿含:这是古代各家所公认的。阿育王时代(佛元二世纪),分别说系多了第五部,名《小阿含》。这包括有:经常念诵的偈颂;佛陀本生谈;佛与弟子的本行;长老与长老尼的偈颂;传说中的饿鬼事、天宫事等。总之,这里面有着后起的历史与传记等成分。有部系,不承认这些是圣典(不是没有,而是说这不外于经律，或只是文颂者——文艺的传说）。可是大众系，却以此为独立的"杂藏"（与经、律、论合为四藏），内容更为广大。从体裁与内容来说，其中大部分是文学的、传记的；使它与经、律、论分别，极有意义！

大乘经的大量流传，是佛灭四五世纪了。起初是经典；大乘经的部类极多，从来没有确定的部类编定。继而从六世纪起，有龙树学系的《中观论》等；八九世纪起，有无著系的《瑜伽论》等。大乘律，只是附属于大乘经中，至少在现存的文献中，没有大乘独立的律部。大乘中，也有应属于杂藏的。

佛法不是义理的空谈，而重于定慧的实践。修持方法，一向传述于佛弟子间。声闻乘中，即有瑜伽行地偈（《修行道地经》）等传出。大乘的中观与瑜伽，也是重于观法。其后，专修定慧的瑜伽师，透过大乘经，结合了印度教的仪制而单独成部，这就是密典的续部与仪轨。密乘的律典与论典，也是极少的。所以古代印度传译的佛书，约时代而竖分，不出声闻藏、菩萨藏、秘密藏三大类。如约内容及文体而横分，即不出经（续）、律、论、杂——四藏。

从印度佛书而论到中国与日本等，有几点值得注意：一、律藏，本来不但是道德的戒条，而且是僧团的组织法；寺院经济的怎样处理；僧众的日常生活；布教，以及寺塔的建筑，图像，法器等。这在中国与日本，就有僧官制、丛林制；各种清规，传戒规范，以及法会、宣讲等，性质都与律藏的一分相近。然一般重视印度的律典，看作如来亲制；所以如把这些也编入律藏，会受人反对。

二、论藏,印度的撰集,大略有释经论与宗经论二类。释经论(论的注释也属此),即经典的解说。在中国,称为注、解、疏、释、文句等;注释的注释,称为钞、记等。性质是一样的,但从来受到歧视,没有把它看作论藏。这到底应该别立一类,还是与印度撰集一样,编入论藏呢?宗经论,是依据经义而自出机杼,组织、分别而成为条理严密的作品。释经论与宗经论,凡是印度的作品,都与宗派有关。如《阿毗昙》、《中观》、《瑜伽论》,哪一部不是宗派的产物?而中国重经的学派,如天台、贤首,他们的《法华》、《华严经》释,为一宗宗义的重要根据。重论的学派,如三论与唯识,一宗的主要宗义,都在论疏中。此外,如判教的教仪、辨义的章义等,都可说是宗经(论)论。所以,如《大正藏》对于中国古德的作品,于经释、论释外,别立宗派一门,并不恰当!因为这少数的宗典,不足以代表宗派;而各宗的要义,反而多在经释、论释中。其他如密、律、净宗,重要的宗义,也在密、律、净的疏释中。唯有禅宗,并不依傍经论,而有独特的风格。祖师的语录,有着非常众多的部帙。所以虚大师说过:这不妨参照密续及仪轨的独立,而于经、律、论、密外,别立一禅(语录)藏。

古代(约为百年以前)的纯正佛书——法与律,如分作五大目:经及经释,律及律释,论及论释,密续及仪轨,禅法及语录:可以网罗一切。此外,一、古典中的传记、历史、诗文等,一向编入"小阿含"、"杂藏"或"贤圣撰集"的。二、唯识法相家的"因明",本是印度的逻辑,经佛教的改进,以作辨理楷式。这二类,都不是纯正的法与律,不妨与近代的作品合编。

近百年来,经过了近代文化的影响,也可说是佛法传入西方所引起的影响,治理佛学的方法,多少与古代不同。使用的语文、研究到的论题,更为广泛。无论从体裁与内容去看,都与古代有极大差别。近代的作品,除经、律、论或古德著作的解说,可以编入前五目外,其他的可以编为:总论、法义、制仪、史地、文艺等五目。

总论,在一般图书目录中,是第一类。在佛书中,如目录、索引、提要、悉昙、音义、辞典、汇辑、丛书等,都属于此目。悉昙,本为梵文的声明;现在应以雅语及巴利语的文法等为主,扩大而编入有关佛典翻译的西域古代语言,如驴唇语、吐火罗语、于阗语等;藏文、满文、蒙文等。

法义,即有关佛教义理的研究,这是非常广泛的,大体可分为:一、概论。二、宗乘论。这如关于根本佛教,部派佛教;小乘,大乘,密乘;中观,瑜伽,天台,贤首等宗义的研究。或解说,或比较,或贯通,或抉择,或辨析等。三、哲学。四、心理学。五、伦理学。六、论理学。古典的因明论,编在这部门。七、佛学与世间学。这如与印度的诸教学;与中亚的诸教学;与中国的儒道;与日本的神道教;与西洋的宗教哲学等。这各有破斥、融摄、互相影响的三大类。中国古代的护教言论,或老、庄、韩愈文的融通或驳难等,都编于此。八、真身佛与菩萨。如关于法身、报身的思想;大日,弥陀,药师佛等;文殊,普贤,观音,地藏菩萨等;以及密部的诸金刚的研究。九、瑜伽与神通。这是有关定慧修持,以及身心的特殊变化及经验。十、其他。

制仪,是有关律制的,各地佛教的僧制,以及佛教的种种行事仪式。略可分:僧制;僧经济;僧教育;游化布教;救济事业;戒杀放生;种种仪制。仪制中,如传戒仪;灌顶仪;忏悔仪;浴佛等法会仪(如喇嘛打鬼仪式等并属此);坐禅仪;讲经仪;斋食仪,服饰等。

　　史地,内容极多,略有地理、传记、历史三类。近代的考古、发掘报告,都属于此。

　　文艺,略有文学与艺术二类。

　　这样的后五目,大体近于古代的杂藏。综合而略为编目,如下:

一　总论

　　1. 目录

　　2. 索引

　　3. 提要

　　4. 悉昙

　　5. 音义

　　6. 辞典

　　7. 汇辑

　　8. 丛书

　　9. 其他

二　经及经释

　　1. 阿含

　　　　甲　杂阿含

　　　　　　(经典,并以全译;分译,即抽译一部分;经释;经释的注释;四类为次第。不具者,缺。)

　　　　乙　中阿含

丙　长阿含

丁　增一阿含

戊　阿含流类（如正法念处经等）

2. 般若

3. 宝积

4. 大集

5. 华严

6. 涅槃

7. 大乘经集（小部甚多）

三　律及律释

1. 大众律

（律典，并以广律；戒经；羯磨；母论；律释；律释之注释；日常行法等为次，不具者，缺。）

2. 铜鍱律（锡兰传之上座律）

3. 化地（五分）律

4. 法藏（四分）律

5. 一切有（十诵等）律

6. 饮光律

7. 正量律

8. 声闻杂律

9. 大乘律

四　论及论释

1. 印度（附锡缅泰）宗论

甲　阿毗昙

子　舍利弗毗昙

（论典,并以论;论释;论释之注释;论要等
为次。不具者,缺。）

丑　铜鍱系毗昙

寅　一切有系毗昙

卯　犊子系毗昙

辰　晚期折衷论

乙　中观

丙　瑜伽

丁　现观庄严

戊　大乘论集

2. 中国（内地）宗论

甲　三论宗论

乙　天台宗论

丙　唯识宗论

丁　贤首宗论

戊　净土宗论

3. 西藏（附蒙古）宗论

（宗喀巴菩提道次第等,属此。）

4. 日本宗论

甲　真宗论

乙　日莲宗论

丙　时宗论

丁　其他

五　密续及仪轨

　　1.事部

　　（每一密典,各有续即经;仪轨修法;论;注解等。不
　　具者,缺。）

　　2.行部

　　3.瑜伽部

　　4.无上瑜伽部

　　5.密论（如宗喀巴之密宗道次第;弘法之即身成佛
　　义等。）

六　禅及语录

　　1.声闻禅法

　　2.大乘禅法

　　（天台之摩诃止观等属此。）

　　3.秘密禅法（略,入密部中。）

　　4.禅宗法语

　　　甲　偈颂

　　　乙　语录

七　法义

　　1.概论

　　2.宗乘论

　　3.哲学

　　4.心理学

　　5.伦理学

　　6.论理学

7. 佛学与世间学

甲　与印度诸教学

乙　与中亚诸教学

丙　与中国儒道学

丁　与日本神道教

戊　与西洋宗教哲学

8. 真身佛与菩萨

9. 瑜伽与神通

10. 其他

八　制仪

1. 僧制

甲　印度晚期僧制

乙　锡缅泰僧制

丙　中国(内地)僧制

丁　蒙藏僧制

戊　日本僧制

2. 僧经济

3. 僧教育

4. 布教

5. 救济事业

6. 戒杀放生

7. 仪式

甲　传戒仪

乙　灌顶仪

　　丙　忏悔仪

　　丁　浴佛等法会仪

　　戊　放生仪

　　己　讲经仪

　　庚　斋食仪

　　辛　制服

　　壬　其他

九　史地

　1.(人文)地理

　　甲　地方志

　　乙　寺刹志(山志等)

　　丙　游历记

　　丁　古迹考察

　2.传记

　　甲　释尊及弟子传

　　　　(本生,本行,着重于历史的。)

　　乙　僧尼传

　　丙　居士传

　　丁　宗祖传记

　　戊　传灯录

　　己　往生传

　　庚　灵验记

　3.历史

　　甲　佛教通史

乙　各地佛教史

（印度，西域，南方，中国〔内地〕，蒙藏，日本，朝鲜，欧美。）

丙　教典史

（集成，著作，传译，印刻等。）

丁　教派史

（印、华、日等诸教派。）

十　文艺

1.文学

甲　譬喻·因缘

乙　变文·宝卷

丙　诗·偈·赞

丁　序跋·发愿文

戊　散文

己　笔记

庚　小说

辛　戏剧

壬　诗文集

2.艺术

甲　乐曲

乙　图像

丙　雕塑

丁　建筑

戊　法物

　　己　合香

3. 术数

　　甲　历数

　　乙　医药

　　丙　占卜

　　这一编目,当然是并不完备,还需要修正、补充。但至少可以了解:在现代而来谈佛书,已决不是旧有的华文大藏了。还有,各种语文的编集为一,也应有一先后。我觉得:阿含、声闻律部分,可以巴利语文为先,其次是华文、日文、片段的梵文本。大乘的经论,应以华文为先,以梵文为次;因为梵文太残佚不备了。其次是藏文、日文等。秘密部分,应以藏文为先,梵文、华文、日文等为次。还有些近代著作,要以西文及日文领先了。

九　论僧才之培养

一　弘法人才的重要

　　佛法要想昌明与兴盛，说来原因很多。对外说，必须政治安定，社会能善意护持；对内说，必须有组织的清净僧团和善巧的弘化方法，如此才能使佛法普及于民间。但其中主要的，不能不说是弘法人才的问题。有了优秀的弘法人才，其他的事情才有办法。因此，要想中国佛教能够真正发扬光大，对于弘法的人才问题，不得不认为是首要的问题。

　　自从佛陀的教化播扬人间以来，弘法的任务，多属出家僧众。也有在家居士，声闻中如质多长者，菩萨中如维摩诘长者、胜鬘夫人等。他们对于弘化之功绩，都有很大的贡献。但是住持佛法的重任，从来都以出家众为主体。所以说到弘法，固然希望大心居士们多多热心弘扬，然而根本问题，对于出家僧众，觉得更要发心来尽力培养和造就。

　　培养佛教的弘法人才，决不单是对佛教有所认识，因为弘法不只是知识的灌输。尤其是身为宗教师的出家众，要想真能够摄受广大信众,给予佛法的真利益,除佛教知识外,必须具有高尚的德行和精勤的修持,如此才能使信众们建立信心,进而引导他们深入佛法。佛陀教化弟子们,无非以三学、六度为修学法,学佛也即是修学这些。因此从古以来佛教优秀弘法人才的辈出,无不以三学、六度为修学内容。唯有依于佛法——三学和六度去真实修学的出家僧,才足以化导信众,使其由仰慕而生敬信,由敬信而发心修学,由修学而深入。

二 律学中心

虽然如此,事实上,从古以来,学众的培养,各有重点不同——或戒、或定、或慧。如佛在世时,以建立清净僧团为中心,用以训练僧众,陶铸圣贤。这主要以戒学为基本,以定、慧为进一步的修学。所以佛说:"佛灭后,解脱戒经是汝大师。"佛陀的本怀,要弟子们能依戒而住,以戒为师。所以说:有清净如法的僧伽,就是正法住世。以戒学为基本来训导弟子,这是将出家弟子们的生活,导入于有组织、有纪律的道德生活中。对个人说:能使戒行清净,不犯重戒;即使少毁轻戒,即能忏悔,还复清净,使学人身心安于清净律仪中。另一方面,对于大众团体生活之规律生活,渐渐熟习,了知如何出家,如何受戒,如何"布萨",如何"安居",乃至穿衣、吃饭、求医药、出入往返,一切生活方式,都契合于清净律仪生活。要知道,佛法能否住世,不只是个人的修证问题。据说:古佛没有依法摄僧,所以佛法不能久住。必须以大众增上力量,而使修学者的身心易于获得清净,佛法由此更易延续,更能适应于社会而发扬。所以佛陀建立僧团,其方法是"以戒摄僧"。其目的是以戒学引导大众生活于清净律仪中,来完成僧众的自律和化他。有关自律的一部分,即是"戒经";有关大众一切生活规律,是"犍度"。因此,出家众不但要严守戒律而自度,更要熟习僧团中一切僧事。这些,佛陀都有极严密的制度,如限定收徒、传戒之资格方法,不使师资伪滥等。佛制:比丘、比丘尼,必须依止师长,五年内不离依止,不能一晚离依止而住。在此五年内,依师学习,一方面修学戒律,一方面熟习僧团中的一切僧事;其余才修禅观,或去善知识处请求教授教诫,同道们相互议论等。因此,定、慧的修学,是以僧团的戒律为基础。古说:"五夏以前,专精戒律",就是此意。然此非专学戒律,是要出家弟子们安住于律仪僧团中,完成高洁的僧格。如五年而尚未学成,或者不知僧事,规定再住五年,必须对于戒律生活完全学成为目的。如还不成,这就叫作哑羊僧了。

律上说,僧有四种:一、真实僧,即证得果位以上的圣者。二、有羞僧,具有惭愧心,以戒定慧修学,但尚未证得圣果。三、无羞僧,虽然修学佛法,而戒行不能清净,或犯而不知忏悔(如毁犯四根本大戒,就不名为僧了)。四、哑羊僧,对于戒定慧不能修学,不知僧团的一切僧事作法。如对僧事,不知同意("与欲"),不知赞成("默然"),不知反对("说"),不知揭发("举"),不知忏悔法,不知灭净法,不知羯磨法,不知如法不如法,不知清净不清净,不知成就不成就等,所以无资格成为僧团中的一员。像这样的人,在清净僧团中,只有增加团体的紊乱和不安!

在印度初期佛法时代,佛陀显著地指出弟子们应修学的方案和程序,即每一弟子要依止师尊,精勤修学,陶练成完满的僧格。在大众和乐、尊师重道、净化身心的和谐气氛中,而自求解脱或外行教化。弟子们能"依戒而住",使佛法能一天一天地发扬,是有其原因的。如依戒而学,完成僧格,这虽说不是佛陀的最高目的(更高的为禅定与智慧),但在社会一般的眼光中,一个组织健全、有纪律的清净的僧团,是怎样的值得赞叹!所以能使"不信者生信","已信者增长"了。所以以戒为基,建立清净僧团,佛门中之龙象才能从此中陶练出来。我们中国佛教,从前在大陆时,不是说不传戒,只是戒期完毕,戒牒到手,到处云水挂单,流为有养无教的一群,佛教当然衰落下来!像这样的授受戒法,不能说没有益处,但不能合于佛意,不能在和乐清净僧中,培养僧才,住持佛教。

三 禅学中心

佛教最初传入中国,原来也是沿袭佛陀在世的制度,依戒修学。不过因当时的国情,未能养成如印度那样的依戒而住的规模。特别是当时的中国佛教,大小乘兼弘而以大乘为主,大乘重禅慧,对重戒的精神就不免轻忽了!

中国佛教能够陶练佛门的高僧大德、培植佛教弘法人才的,在中国佛教史上,第一要推禅宗。唐代以来,使寺院几乎一律称为"禅寺",可见禅宗的力量在当时如何的壮大!禅宗以禅(定学)为中心,对于戒律或闻思经教,都是其次。禅者善能激发各人的道念，发心为生死大事而励力参究。在禅者看来，若吾人自心清净，自然性戒不犯，所以唐代百丈、马祖们，离开律院，别立禅寺，使住众们一心一意在禅思上下功夫。当时由于教法兴盛，僧徒们有反求实践的倾向，个个都倾向于参究力行。同时，禅寺中并不是完全抛弃了闻思慧，因为禅堂内有寺中的住持、首座、堂主们，随时随地指导清众，每天有定时的开示，对于学者行为举止，都有剀切的警策与指示。由于这种大众共同熏修的关系，渐渐产生了大禅寺，演出大丛林的制度和清规。一班清众们，安居于这有规律、淳朴生活的禅堂内，早晚参究、上堂、小参，随时接受善知识的开示教导，为了明白生死大事、参透本来面目而发奋修持。经过数年的修学，能开悟见性的不要说，即使参不透本来面目，因为经过数年大冶洪炉的陶练，也会养成道貌岸然，威仪庠序；其心胸豁达，气度之浑朴与严肃，与常人大有不同，一出山门，使人见了，油然生起仰慕的心情，因此禅宗千百年来能维持到近代。这并不单是依赖禅宗的制度的，而是以大众参究、互相警勉的力量，作为禅宗内在活力之来源。寺内的住持，为一寺之领导者，每日带领清众，上堂、说法，作种种法事。有多年的禅观功夫，经过长期的训练，熟习禅寺的一切制度，才出来当职事。监院职事们，他们发心为大众服务，使清众们能够专心修学。由于善缘具足，清众们也就放下一切安心向道，经过大冶洪炉千锤百炼，而成为一代的高僧、祖师。这种以禅为中心而参究的力量，在当时成为中国佛学的重心，不但影响了整个中国佛教，而且间接地孕育出中国理学的产生。原因是禅者能做到僧仪如法，内心清净。以明净禅心而引发出智慧，运用善巧的方便，使佛法的真义发扬光大。倘若不发展为集团的参究修学，个人的修证，也不过是个己的解脱，未必能使佛法光大，使佛法久住。

佛法到了近代，衰微不堪，禅宗失去了以禅为中心陶冶僧才的本旨。禅寺的住持们，都以问事为目的。监院职事们，好像全寺大众的统治者。有的专意修建，有的专心应赴。发心修学的清众们，精神失去了依托，所以佛门禅风不能保持，禅堂的制度一切皆变了质。这证明了禅宗以禅思参究为中心，大众熏修，互相警策，才能使大众和乐清净，才有佛门的龙象辈出。

四　教学中心

弘法人才的培养，是要在清净和合的僧团中：这或以戒律、或以禅思为中心，上文已经说明。若再从佛教史去考察，还有另一方式，是以闻思经教的慧学为中心的。他们对于根本戒，当然严持不犯；其余戒律和禅，也都能随分随力去修学，不过特重于闻思的慧学；从此发出的庞大力量，曾为兴隆佛教之主要动力。如唐代玄奘三藏留学印度时，当时的那烂陀寺住有千余僧众，每日到处公开讲习教典，大家互策互励，对于广大精深的佛法，作一种深刻的研究。因此有些法师们能通晓（不是泛泛的读懂而已）五部、十部或二十部以上的经论。法师资望的高下，是以通达经论多少而定，予以不同的待遇和器重，蔚为一时的学风。这一以闻思经教的慧学为中心的僧团，在西元五、六、七世纪间，成为国际佛教中唯一的最高学府所在。国内外的佛教徒，能不辞跋涉之苦而前往参学；学成后，再各化一方，传播法音。他们是在信、戒的基础上，闻思教学，以睿利的明智，对于传下的大小乘义理、修持方法，作一番更深刻的钻研。对空、有学派思想，作进一步探讨、思辨和抉择，而后将深奥的佛法予以广大的阐扬。在这勇猛精勤的修学中，无疑的对于佛法的信念，有着更深的建立。坚贞卓绝的宗教精神，从此引发，为佛法的发扬光大而努力。这是那烂陀寺的学术精神，也可说：是以闻思经教的慧学为主，对于佛教文化发扬给予重大的贡献。

闻思经教的慧学，在组成清净僧团，及僧众们之信念与造诣，也许不如以戒律或禅思为中心的来得较为坚强和深厚；但对于普遍发扬佛教文化，摧伏邪外之巨大力量，却有它不可磨灭之功绩。这如以闻思教学为中心的西藏佛教，自阿底沙从印度传入西藏，成为甘丹派，奠定了西藏佛法的特质。元代时，由于藏僧重视政治权力，不能重视教学，有的专重修证，以神通摄众；甚至娶妻畜子，一切俗化了，佛教落入衰微与紊乱状态。明初宗喀巴大师起来革新，也可说复古——阿底沙大师的旧传：僧徒须严谨律仪，才恢复寺院的清净，重闻思经教的慧学。在依于信、戒的闻思中，团结僧众而发生庞大力量，挽回了西藏佛教的厄运，成为一般所说的黄教。黄教在西藏，可以与唐代的禅宗相媲美。凡学佛者，进住寺院，除礼拜、念诵、忏悔等而外，重视研究经教，尤其是对于佛教的《毗尼》、《因明》、《俱舍》、《中观》、《现观庄严论》——五大部，成为造就僧才必修之课程。他们不只修学，而在同一寺内或寺与寺间，乃至在全藏中心地的拉萨，举行辩论大会，众多义学的僧众，聚集问难辩论。若对此五大部之义理能答辩无碍，即考试及格，被称为格西（法师）。由或全藏，或一地区、一寺院的论辩考验不同，所以有一等格西、二等格西等差别。西藏政治中心的拉萨，也成为佛教的中心。对于佛法有造诣的格西们，专门从事教学，培养僧才。因此，西康、蒙古、青海，甚至内地的佛徒，以仰慕藏地佛教的心情，不远千里去修学。学成后，再回本土，弘传其所学。使藏文系的佛法延续发扬，其得力处，不能不归功于闻思教学为中心的教派。

近代中国佛教，以闻思经教的慧学为重心的，要算是虚大师所创办的佛教教育。依大师的意见：建立僧伽，是以律仪为基础的，希望佛教青年能从佛学院之初级（重律仪）、中级、高级次第修学。在此数年中，先对出世间学有一深刻了解。平时，早晚大众共修，以坚定佛法之信心。这样，不但可以培养成一些弘法人才，同时也能使他们处理僧事。再于高级之上，设立专修处，供他们专精于某一宗——或禅或净等，作一番修持，希望能做到行解相应，而成为真正的佛教人才。所以大师的建僧方式，大体与宗喀巴相近，也是以信戒为基，以闻思慧为中心的。可惜大师之理想，至今从未实现，而只是一些补习教育。虽有不少学僧多少能为佛教而尽力，但不够清净严肃，不易达成整建僧团、引导信众的目标。就是对于教理的修学，也还差得太远。有些人误会大师所办之僧教育与社会学校一样，实在是未能了解大师的本意。总之，虚大师训育僧才之思想，确是以闻思经教的慧学为中心的。

五 现代的弘法人才

从上来的例证，我们可以获得这样结论：要使佛法昌明发达，即需要弘法人才。要有佛教弘法人才辈出，必须佛徒们养成向学的风气。这不外以戒、禅、慧为修学训导之中心，决不能离此修学而有所成就。当然有些出类拔萃的僧才们，不须良好的修学环境，自能发心自修，德学成就，成为一代之高僧，但这非具有深厚的善根和宿慧不可。这究竟是少数中之极少数，不能以此为标准来希望佛教复兴。因此，希望佛教弘法人才的产生，须以念诵、礼拜等来增长信念，进而彼此间和乐共修，组成清净僧团，培养向学的风气。这样才能发生一种巨大力量，使衰微的佛教能振兴起来！弘法利生是每一佛子之天职，热心佛教的大德们，应考虑到复兴佛教的力量，究竟是在哪里？

最后，要说到两点：第一、今日是知识发达的时代，佛教徒要想降服魔外，高建法幢，这必须对深奥的佛法有一番深入，才能以深入浅出的善巧方便来施化，使未信者信，已信者增长。众生根性不一，当然可以种种法门，或者不需语言文字，以身教感召别人。但约广大人心和现代风尚说：弘法者对于广大精深的佛法，必先要有明确的深刻的理解。从深广的义理中，不但能条理严密地发挥深义，更能提出简要的纲宗，使大众可以对佛法有一正确扼要的观念，如此才能使现代人士易于接受。大师曾以唯识学——适应现代科学方法来教化他人，就是因为这个。实际上，佛教任何义理，都可以此方法表达出来。

第二、一个身为宗教师的，要教化他人，除了对佛法具有深刻了解之外，对于一般世间知识也应有广泛的涉猎，这倒不是说对于现代知识都应该专心研究。如中国佛教史上的道安、慧远大师们，对于中国学术都有很好的造诣；出家学佛后，才能引导当时社会一般的知识界归向佛法。印度的马鸣、龙树、无著、世亲诸大论师们，哪一位不是当代有名的大学者？对于流行的四吠陀典和十八大论等，都有过研究，这才能以佛法融通世学、批评世学，从相互比较中，显出佛法之精深与高妙，使人们易于崇信而接受。以其他宗教之牧师、神父们来说，他们要做一个传教师，都是在一般大学知识以上，再予以数年的宗教教育，才能到处传道，发生良好的效率。虽说他们以物质来引诱，但传道人才之造诣，有他们的长处。不要以为过去唐代禅宗之发扬，专于着重自身的熏修，无须了解其他。不知禅者的力求实践，不重闻思经教，正因为那时的教学已极为发达普及，而我们现在是怎样呢？当时的对手，是儒、道，禅者多少有些认识，而现在世间的学术，又是怎样呢？在现代，对于无边佛法的义理，不能随分随力地闻思修学；对世间知识太欠缺，要想弘法利生，确实是件难事！

有些热心的佛徒们，为了佛法能够深入民间，提倡一些最简单的道理、最简单的修持；或者利用歌唱、幻灯，这自然是引导信佛的大好方便！但从远大处着想，要使社会人士对于佛法有真确的信解，要摄受现代的知识人士，那么单凭这些通俗的说教，是不能达成佛教中兴的目的。必须依上面所说的集体修学——戒、定、慧中心的修学法，造就高深的僧才，才能成功。

以现代说：佛法之自修、化他，虚大师的以闻思经教的慧学为中心，不能不说是正确的。过去大陆的佛教已成过去，现实又因人力、物力关系，不能理想地培养弘法人才。但大家能认清这一发生佛教大力量的根本办法，到底是有益的。如注意"信心

坚强"，"戒行清净"，以念诵、忏悔等来培养宗教情操，而将自己
安立于僧团中，安立于闻思经教的慧学中，不求速成，以待时节
因缘，才是现在佛教无办法中的办法。

（印海记）

十　论佛学的修学

　　说起佛学,应该有两方面的含义:第一,佛学是佛法的修学、佛法的实践。释尊教示我们,修学佛法,不外乎"增上戒学,增上心学,增上慧学"——三学。声闻乘的比丘戒,名为比丘学处。大乘的六度、四摄,名为"菩萨学处"。在三学、六度的学程中,名为"有学"。到了解脱生死,圆满菩提,学程完毕了,名为"无学"。从这佛法以行证为本来说,佛法之学,就是佛法的实践。第二,为了实践的佛学,不能不有义解的佛学、理论的说明的佛学。释尊的教导学众,称为"教授"、"教诫";约内容说,名为"法(达磨)毗奈耶";其后集成经与律。对于法与律的分别抉择,释尊与大弟子们早就开展了论义,称为"阿毗达磨,阿毗毗奈耶"。特别是法义的分别,经弟子们大大的发扬,终于独立成部(论),与经、律合称为三藏。经、律、论三藏,是文字章句的纂辑,是释尊一代教义的集成,但内容不外乎三学(六度)。所以古德说,从三藏的偏重来说,经是明定学的,律是明戒学的,论是明慧学的。在实践方面,戒、定、慧学如鼎的三足一样,是不可偏缺的。在义解方面,经、律、论也一样是不可偏废的。这才是圆满的佛学,中正的学佛之道。

　　行证的佛学，义解的佛学，也可说有浅深。因为在修学的学程中，闻、思慧位，主要是义解的佛学；思、修慧位，主要是行证的佛学。可以说：教义的佛学，是为了初学；行证的佛学，是为了久行。这就是《楞伽经》所说的说通与宗通了。但在完整的佛学中，这不但是先后次第，而且还是相依相成，如依言教而引入行证，从行证而流出言教。佛学是不能离此二方面的，所以说："佛正法有二，谓教证为体，有持说行者，此便住世间。"

　　释尊住世的时候，在佛是应机施教，在弟子是随解成行，所以佛学的实践与义解，是相依而不是相离的。如出家人，受了戒，就在僧团中。一方面依师而住，在五年内，不得一晚离依止师而自主行动；一方面依师而学，一切律仪、威仪——衣食行住等一切，都依律制而实习。但这决不是偏重戒学，在律仪的生活中，除出外乞食而外，不是去听闻佛及弟子们的说法，便是水边林下，"精勤禅思"；"初夜后夜，精勤佛道"——修习定慧。这种"解行相应"、"三学相资"的佛学，实是最理想的佛学模范！释尊制立的清净僧团，以戒学为本而"三学相资"，所以传说的"五夏以前，专精戒律；五夏以后，方许听教参禅"，可说是事出有因，而不免误解了！

　　释尊晚年，弟子间由于根性不同，已经是"十大弟子各有一能"；不但是各有一能，而且是志同道合，各成一团，如说"多闻者与多闻者俱，持律者与持律者俱"等。特别是结集三藏以后，佛教界就有经师、律师、论师、禅师或瑜伽师；后一些，还有（从经师演化而来的）通俗布教的譬喻师（神秘的咒师，更迟些）。对于三藏或三学，有了偏重的倾向。虽说偏重，也只是看得特别重要些。在印度的正法五百年中,小乘佛教盛行时代,始终是依律而住,三学与三藏也保持密切联系。就是到了像法五百年,大乘佛教隆盛的时代,如龙树、提婆、无著、世亲等,也还是依律而住,大小并重的。这要到密宗大兴,这才将依律而住的清净僧团破坏了!

从自己的修学来说,三藏与三学并重。但由于弘传佛学,经师、律师、论师、禅师、譬喻师,都是分类的专学,也可说是分科的专弘。正法五百年的佛教界,如下:

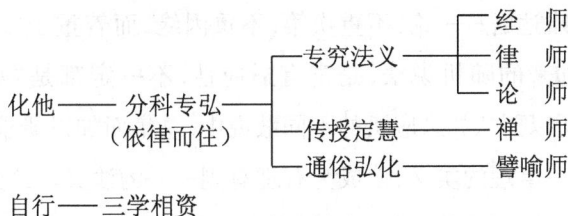

```
                              ┌─ 经　师
                 ┌─ 专究法义 ─┼─ 律　师
化他 ── 分科专弘 ─┤           └─ 论　师
       (依律而住) ├─ 传授定慧 ─── 禅　师
                 └─ 通俗弘化 ─── 譬喻师

自行 ── 三学相资
```

经师、律师、论师,是从佛的教授教诫中,精研深究,而精确了解佛说的真意。但三者的研求方法各不相同,如说:"修多罗次第所显,毗奈耶因缘所显,阿毗达磨性相所显。"

对于经——修多罗,最主要是了解经的文义次第,因为不了解一经的组织科段,是不能明了全经的脉络,不能把握一经的关要。不是断章取义,望文生义,就是散而无归。这不但不能通经,反而会障蔽经义。所以佛说契经的意义,要从文义次第中去显发出来。如无著以七句义十八住解说《金刚经》;世亲以十六种相解说《宝积经》;弥勒以八段七十义解说《大般若经》;清凉以信解行证科分《华严经》等:都是从次第中纶贯全经,显发全经的意趣。

　　毗奈耶——律的研求，是"因缘所显"，是要从制戒的因缘中去显发佛意。戒律，狭义是戒经，广义是一切律制。这些，佛为什么制？为什么制了又开？开了又制？如不把制戒以及制订僧团法规的原意弄明白，就不能判别是犯是不犯，犯轻或犯重；也不能随时地环境的不同，而应付种种新起的事例。所以，律师不仅是严持律仪，而是要善识开遮持犯，善识时地因缘，能判定犯与不犯，也能如法地为人出罪。我国的律学久衰，僧众不能依律而住，这才学会口呼"一起向上排班"，也就以律师见称了！

　　阿毗达磨——论，不重次第，不重因缘，而着重于"不违性相"。如来的随机说法，是富有适应性，不一定都是"尽理之谈"。所以要从如来应机的不同散说中，总集而加以研求，探求性相——事理的实义，使成为有理有则——的法义。这是被一般看作甚深哲理的部分，其实也抉择佛说的了义与不了义，而作为思修的观境。如天台宗的二重事理三千，贤首家的十玄门等，都可说是论义。起初，阿毗达磨、中观、瑜伽，我国的天台、贤首宗学，都是从观（修持）出教的；等到集成论义而为后人承学时，就流为偏于义解的理论了。

　　依上面的解说看来，经师、律师、论师，或"三藏法师"，是何等重要！不是这些专门探求三藏深义的大德展转传授，佛法早就晦昧而被人遗忘，或变成盲修瞎炼的神教了。当然，大通家——三藏法师是最为理想的，但事实上，自修（修持）虽应该"三学相资"，而三藏的全盘深入探求，谈何容易！真能深入一门，或经、或律、或论，也就能续佛慧命，为后学作依止了！

　　传授定慧的禅师，也称瑜伽师。在我国的佛教史上，如安世高、佛陀跋陀罗、佛陀、达磨都是。禅师特重于定慧的修习，凭着传承来的、自己经验来的来教化，所以每有三藏所不曾详说的。由于师资授受，下手功夫的多少不同，引起禅观的分成别派。小大空有显密的分化，大抵与此有关。举譬喻说：三藏的深究，如纯理论科学，也如儒家的汉学；禅师的传授定慧，如应用科学及技工，也如儒家的理学。理论与实践的互成，才是完满的佛学。否则，脱离了理论的持行，与缺乏实行的空论，都容易走上偏失的歧途。

至于通俗教化的譬喻师，在向民间推行佛陀的教化时，功绩比三藏法师及禅师更大。但通俗教化，不宜脱离三藏的研求与定慧的实习。如古代的大譬喻师，都是兼通三藏与有着修持的。假使不重三藏的修学、定慧的实习，通俗教化容易使佛法庸俗化。如我国古代的通俗教化，从变文而演变到宝卷，就是一例。总之，三藏的深究、定慧的传授，是少数的，但是佛教的中坚、佛教生命的根源。从此流出的广大教化，时时承受三藏（义学）禅观的策导，才能发为正确的通俗教化的佛学。

佛学的修学传习，到了大乘佛教时，义学的分科修学，与初五百年略有出入。我们时常憧憬印度那烂陀寺的佛学，那寺成为印度佛教中心的时代，佛学的修学次第与类别，在唐义净三藏的著作中，有着明白的叙述。如《南海寄归传》说："学法次第先事声明。……必先通文字，而后方能了义。"然后，"致想因明，虔诚俱舍。然后函丈传经（指大乘法），多在那寺，或伐腊毗"。义净在《求法高僧传》中，说到玄照的修学次第，是："沉情俱舍，清想律仪。后之那寺，就胜光学中、百，宝师子受瑜伽。"智弘的修学次第是："既解俱舍，后善因明。至于那寺，则披览大乘。"
法朗的修学次第是："习因明之秘册，聆俱舍之幽宗。既而虔诚
五篇（律）。"这可见，当时的修学佛法，首先是通文字。其次是
佛教的论理学——因明、代表三藏——法毗奈耶的俱舍与律仪。
然后修学大乘，即是中观与瑜伽（唯识）。大乘佛教时代，不重
经而重论，因为契经都是适应一类众生，阐明某部分的法义，而
论才是究尽性相的实义。这种重论的学风，到超岩寺为印度佛
教中心的时代，也还是如此。如传入西藏的佛学，主要的称五大
部，就是《因明》、《戒律》、《俱舍》、《中观》、《现观庄严论》。这
与义净时代传学的佛学，可说大体一致。只是以传说为弥勒所
造的《现观庄严论》，代替传说为弥勒所造的《瑜伽论》而已！印
度大乘佛教时代的佛学，分科与修学次第是这样的，这应该可以
作为今日中国佛学研求的参考！

　　太虚大师为我国近代的大师，他倡议的佛学院，晚年修正
为：一、律仪院，二、教理院，三、参学处（定慧实习）。教理院的
修学，主张从五乘共法，到三乘共法，再进学大乘不共法。大乘
法中，分为三系，也就是在"中观"与"瑜伽"外，增入中国特别发
扬的法界圆觉学——台、贤等义学。这一修学次第，戒定慧三
学，理解与实践，都圆满无缺，与印度传统的佛学修习法也相近。
如中国佛教而能开展出这样理想的佛学院，这是足以媲美那烂
陀的。只是在近代的中国佛教环境中，还不易实现而已。

十一　谈修学佛法

在这举世动乱的时代,要想修学佛法,真是不易!从佛法观点上看:诸行无常,只要我们做的是自利利他的事业,做一天就是一天,不问他风雨飘摇,能延续几久。哪怕一天、一刻,都有利益。大家抱着为法的大愿学下去,这是学者应具足的精神。研究佛法应从圣教——经论下手。但研究佛法,并不就是完美的修学佛法;研究佛法,只是修学佛法的基础,对它不可看得太高、太易。修学佛法,应从认识和实践两方面去学。

一　论闻法

学佛的人,第一要闻法。闻是听人讲解。平常以为诵经有什么功德,真正地说,因为闻法,这才成为功德。舍利子对佛说:"我不闻佛说法,像瞎子一样!"他是佛诸大弟子中智慧第一的尊者,尚且要从佛闻法,何况一般根性暗钝的人。佛法是救世度人的无上明灯,我们要得佛法的真实利益,非闻法不可。经云:"多闻能知法,多闻能离罪,多闻舍无义,多闻得涅槃。"闻法才能知法,于佛法能得正确的认识;也才知道世间上的是非、善恶、邪正,这都是从闻法所得的辨别力。学佛的人重在离罪,愚痴无闻的凡夫,作恶每不知是恶。由于多闻佛法,了解缘生缘灭的真理,才能从他的身心行为上,彻底改革一番,离罪行而变成人格具足的新人了。闻法如照镜子一样,知道自己的形态好丑、正敧,因此可以改正自己。世间有许多想成好人,因为不多闻佛法,把那些无意义的事当着真理去追求,作为道德去实行。如印度的苦行外道,持牛戒、狗戒等;中国有些邪教,先天道、一贯道等,非得计得,非道计道。闻了佛法,对这些无义利的事,再也不会去做了。因为闻了佛法,心中生起了智慧,具正知见,以此正见扫尽身心的一切妄执,就可证得涅槃。学大乘法的,由于多闻正法,起大乘胜解心,也就不会退堕了。有人说:学佛重在实践,学而不行,只是多添了一些空知识罢了! 这是没有意义的,算不得是真正的学佛者。要知这虽有部分的正确性;而实行佛法,还是要从闻法做起,闻法是修学佛法必经的阶段。中国的修学者,向来走极端,认为看经论不如实行,因此摔了经论,冥索暗求,走向盲修瞎炼的黑漆洞去。一切智者的佛法,现在是变成愚昧俗陋者的信仰了。另有人只顾多闻,专在名句文身上使伎俩,不能以法摄持身心,不但缺乏实践的精神,连必备的正行多破坏了。难怪注重实践的学佛者,讨厌佛学这个名词,因为佛学这个名词是学术化了的,是重在抽象的知识。真正的学佛者,是慧解和信行融合而为一的。所以我们一方面闻法,一方面要实践所闻的法,才可免除头重头轻的讥诮!

　　闻是用耳根听,佛世弟子从佛闻法,没有现成的经本,听了多记在心里。《楞严经》云:"此方真教体,清净在音闻。"古代印度的佛法,都是口口相传的。佛灭度后,结集成藏。到后代,书写流通,其后又印刷流通。有了经卷,也可以从经典而闻法了。"佛法从三处闻:从佛闻,从佛弟子闻,从经典闻。"这是龙树菩萨在《智度论》上指示我们闻法的几个方法。如佛已灭度了,又不易得知法知义的佛弟子,那只有从经典闻了。我们以极其恭敬的心理阅读经论,思惟领会,与从佛闻及从佛弟子闻差不多,虽是眼看,也可以说闻。所以研究佛法,应依两个条件:一、从师友听闻,二、自己钻研。我觉得,现代的修学佛法,应着重在自己研究。单是听人讲说,每是肤浅的,不过人云亦云的,必须要自己切实恳到用一番功力,才能深入经藏,触到佛法的核心。不受古人著述的锢囿,变成为自己的。但是初学者,还须从人闻法起。

二 学法之目标与程序

学法应有目标,即为什么学佛法。学法要有程序,即是从浅至深,层次历然。

先说目标:发心有两种:一、发了生死的心,此心为小乘心——出离心,发了此心,行到极点,可证罗汉果。二、发菩提心,此心为大乘心,以自利利他为目的,所谓"上求佛道,下化众生"。综括佛法的宗趣,不外出离生死,广度众生。现在将此分成三项来说:一、净治身心,二、弘扬正法,三、利济有情。凡夫的身心行为是不清净的,知见是浊染的,因有了错谬的观念,妄造恶业,自受苦也使他受苦。自己生死轮回,有情界皆受无量剧苦！学佛法是从净治身心、消除障缘做起,大则杀、盗、淫、妄绝不肯作,小则动静语默亦不放逸。如是,则贪、嗔、痴等烦恼渐渐降伏,所表现的行为亦渐净化了——这是学佛者第一要事。如人的行为不好,普通的人格尚未具足,怎能了生脱死呢？中国近百年来佛法衰败的原因,是出家者误解住持佛法的意义,不能以方便摄化信众,使他们从净治身心中,表现佛法的大用。如佛法而不使人净治身心,那弘法也者,只是形式的热闹而已,于佛法毫无裨益。学小乘、学大乘,都离不了净治身心,千经万论莫不是这样说的。所以净治身心,是学佛者最根本最重要的问题。如果忽视了它,学佛、出家,都是与佛无缘！我们必以此为初步目标,离此则佛法无基。

单这样,还是不够的。我改造行为,得到安乐;我净治身心,求证涅槃,这纯是自利的。应当学佛那样的发大悲大愿心,大愿是弘扬正法,大悲是利济众生。佛法是世界一切的光明,世界上任何事情与佛法相违,或个人的行为与佛法相悖,均必遭到悲惨的结果。所以出家者须发大心,弘扬正法,使世人都明了佛法,依佛法行,究竟得益,究竟安乐。弘扬佛法,不是为了弘扬佛法,弘扬佛法为的是利济众生。谈到利济众生,其他宗教、政治、学术等,虽各有其长,然都不能令有情得究竟利益,且有时害甚于利。出家者既为了救度众生而学法,就应如《华严经》说:"为度众生而学。"菩萨心中除了学法救济有情的念头外,别无其他。假使存着这样的心,不是为自,全是为他,这真是发菩提心了。如世人学艺业一样,单为了自谋温饱,这人的志向是很平凡的。假使学会了各种艺业,为社会人群谋幸福,这就获得大家的称扬崇敬。学佛亦复如是,只为了个人净治身心,求解脱,证涅槃,是自了汉。如果发菩提心,修菩萨行,为人为众生,这就了不起了。菩萨所以发大悲心,是见到众生太苦,佛法太衰,如此发心,如此修行,是自力的,强有力的发心,是最值得赞叹不已的!

出家人学法与居士不同。断三毒,修三无漏学,在家出家都是相同的。所不同者,是出家人多了一番责任,即是住持佛法。因此,居士如学一法门,降伏烦恼,也就行了。出家人为了利济众生,必须广学无量法门。我觉得,真能负起出家弘法的责任,非学菩萨不可。《般若经》说:"菩萨遍学一切(如来法、声闻法、缘觉法)法门。"菩萨智叫道相智,即要知解种种道、种种智,才可以广度众生。喻如小医生单用一药治病,大医生具足一切药。一药只能治一种病,救人有限;多药则能治各种病,活人无量。所以出家者如专在自了着想,也许一门深入即可。但这只能摄化一种根机,不能负住持佛法重任,所以大心菩萨(出家,也通于在家)必广学无量法门,这才能适应众生种种根、种种欲。学小乘法,学而不证;学大乘法,学而且证。不但如此,还应兼学外道法,因为明了外道的典籍,才能揭发他的缺点,有时三言两语,也说得他皈依佛法。不过,如外道来学佛法,就得严格一点,在他对佛法没有深刻的信解以前,绝不许再看外道的书,怕逗起他的旧思想,又堕入外道中去。学小乘也如此,《法华经》说:"不可亲近小乘三藏学者。"因为《法华经》会小归大,怕回心向大的小乘学者,不与小乘绝缘,也许又要为小乘所转。玄奘三藏在印度那烂陀寺参学时,那里面除讲大乘法外,其他一切小乘、外道的学说莫不兼讲,这就是遍学一切法的大乘面目。我们要先对佛法有深刻的认识,从净治身心中,去弘扬正法,利济众生。特别是在这世界太乱、众生太苦的时代,要抱着延续慧命、悲悯众生的大愿。经上说:"自未得度先度人,是菩萨发心",这是应如此发心。在实践上,如果未能自利,焉能利人?凡是一件事,不从自己去实践,是难得人家同情,不能实现弘扬正法、利济众生的目的。

再说学佛之程序:修学佛法有其必然的次第,不能躐等。佛法中最紧要的是智慧,也可以说:修学佛法就是修学智慧。但这不是说不要其他的法门,其他如施、戒、忍等也都是需要的,不过在一切法中最主要的,又是佛法特质的,而且可以称为佛法中最究竟的,就是智慧。世间的众生,也还是想离苦得乐,然都是在黑暗中摸索。佛法是光明一样,教导众生,甚么是该做的、不该做的,善的、恶的,是的、非的,使人照着这正知正见的道路走去,就必定达成目的。佛陀即是觉者;菩萨是有智慧的众生。佛与菩萨的特质,就在于有智慧。智慧以外的一切法门,都要与智慧合一去修才成。离开智慧而学佛,什么都不能够了生死。所以经中说:"般若波罗密于五波罗密中最上最妙。……是般若波罗密取一切善法,到萨婆若(一切智)中。"佛法中所说的智慧,世间的智识是不能为比的(福德是可以共世间有的),而且浅深不等。所以修学佛法的程序,也就是修学智慧的程序。智慧有浅有深:"生得慧"是与生俱有的,生到世间的人都有,可以依世间因缘而充分发展的(有限度)知识。这是一般的智慧,就是哲学家、科学家等,也都是由生得慧而成功的。修学佛法要从"闻所成慧"做起。从多闻(听讲、看经)佛法中,对于佛法生起正确深刻的了解，知道世间与人生的真相，深彻地信解佛法，三宝、四谛等功德。这要有从多闻正法所生起的智慧，才能正确地知道。得到这闻所成慧，才是进入佛法智慧的开始。进一步是"思所成慧"。思是思惟、观察，要深入地去思考观察，才能更深刻地悟解佛法，而得思所成慧。闻慧与思慧，都还是散心的分别，需要更进一步地去实现"修所成慧"。修慧是在禅定中，智慧与禅定相应，因修禅定而从定中更发深慧，这才是修所成慧。闻、思、修三慧，都是有漏的，有漏慧还不能根断烦恼，不能了生死。要根绝烦恼而解脱生死，必须真实的"无漏般若"（闻思修慧，是加行的般若）现前，现证的般若才是真智慧，也即是无漏慧。从闻所成慧到无漏慧，这是修学智慧的道路；这种次第，是小乘大乘所共的坦道。

平常说般若有三种：文字般若、观照般若、实相般若。与上所说的修慧次第配属起来：闻所成慧是文字般若，进而修观照般若即是思所成慧与修所成慧。实相般若即无漏慧。从闻、思、修到现证慧，在修学过程中，虽可以展转引生，就大体说，这显然有次第的前后。

佛法常说的修学次第，是：亲近善士，听闻正法，如理思惟，法随法行。此四法名预流支。预流是小乘的初果，大乘即是初地。凡夫而想要参预到圣类中，或悟入法性流中，必要具有这四种修学过程，无论是小乘或大乘。"亲近善士"，因为向来的佛法都是用口讲的，所以要听闻正法，必须先亲近师长才行。同参道侣，也是善士中摄。为什么要亲近善士呢？为的"听闻正法"。听闻以后，要进一步地正确地去了解，这就须要"如理思惟"了。由思惟观察,对佛法有了深刻认识,要能照着佛法去修学,这就是"法随法行"了。亲近善士与听闻正法,就是前面说的闻所成慧;如理思惟是思所成慧;法随法行是修所成慧。从此以后,入见道,证预流,即得现证的无漏慧。所以我说修学佛法,就是修学智慧的过程。但这不是说单修智慧就够了的,在修学智慧的过程中,同时要修习其他的法门。因为单修福或是单修慧,都是不能圆满的。智慧与福德,有如鸟之两翼、车之两轮,相辅相成,才能高飞远行。依智慧浅深的次第去修学时,同时即:

闻所成慧——成信

思所成慧——住戒

修所成慧——修定

无 漏 慧——发慧

由亲近善士、听闻正法,而得闻所成慧,即能于三宝、四谛、缘起、圣道等佛法,确信不疑,而引发趣向的欲求。这样的从信解而起的信求,才是坚定不拔的信、引发实行的信,应称为信根。一般的信心,都是飘摇不定的,如轻毛一样的随风东西。这因为信心而出于情感的,不曾经过慎思明辨,所以不能确定不动。真实的信心,要依闻所成慧所发起的。这样的正信,才算有了根,所以说是"道源功德母"。如草木一样,生了根,才能确立不动,一切的茎干花果都从此基础生出来。在声闻法中,从闻慧而成就信根,就是生起真切的出离心。发起出离心,种下解脱分善根,必定要了生死,不会退失。在大乘法中,从闻慧生正信,即是发起菩提心,成为佛种。(如《大乘起信论》等说)学佛者的发心,不外乎二种,即发出离心与菩提心。这都要从闻所成慧所生起的信心,才能发生成就。真发出离心和菩提心的人,就和鱼吞了钩一样,无论它再怎么游,也快要出水了。像舍利弗,过去曾发过菩提心,中途虽已经忘失了,但经过佛一提点,就又回入大乘。"一历耳根,永劫不失",就是这个意思。大乘发菩提心,小乘发出离心,这才进入佛门。照天台家的六即来说,依闻所成慧而得正信,还只是名字即佛位。从闻慧而起深信以后,进而修得思所成慧,此时必须以戒为主而修其他施、忍等。大乘学者,从此修六度万行去自利利他。小乘学者从思所成慧,必能严持戒行而完成行为的清净,虽小戒也不敢违犯。这是以思所成慧所了知的佛法,一一见于实行,而做到三业清净。这样的修学,才能有智慧,有福德。等到修所成慧,这是必与禅定相应的,所以到达定慧双修的阶段。修慧必与禅定相应,约小乘的位次说,此时是四加行——暖、顶、忍、世第一位;大乘是十回向位了。发真实信,从此持戒、修定,因而发生真般若慧,断惑证真。此时,约小乘即是初果;约大乘说,即是初地;也即是天台家所说的分证即。若欲圆满证得,还须地地进修,才能达到究竟佛位。

　　修学佛法就是修学智慧,这句话,一点也不会错!智慧达到了最圆满最高深的境地,就是成佛。学佛的程序,无论小乘和大乘的位次,如天台宗的六即、唯识的五位,都现出一致的程序。我们现在来听闻佛法、学习佛法,还是一般的生得慧,真正的闻所成慧还不能达到,何况其他!真正的闻所成慧,即是大乘发菩提心,或者称为大开圆解。这是修学佛法的初步,是任何修学佛法者所必经的。

　　我所以这样说,有三个意思:一、修学佛法即是修学智慧。二、修学智慧,不能偏于智慧,禅定、持戒、忍辱等行门,也要附带综合地修学。三、说明我们来研究佛法,这不是什么高深的事,只是从生得慧到闻所成慧的起点而已。即使是由闻法而对于佛法有点了解,还浅薄得很! 佛法中的大智大慧,还都在后面,要我们从进一步的学习中去实现。

　　现在缩小范围来讲。听闻佛法,也要有个程序。有人问我:佛法应该怎样研究? 这实在是不易答复。但我觉得,学习佛法,无论是全体的或是专宗的,都应有三个过程。依照这过程修学去,多少总能够得些利益。三种是:一、得要,二、深入,三、旁通。第一是得要:佛法广大无边,从何处学起? 东鳞西爪的学习,不能认识佛法的宗要。就是世间学问,要想去学习它,首先须知其大概,选些较浅显而扼要的书来读。学习佛法也要这样,对于佛法先要有一概要的认识,知道佛法的重心是什么,包含些什么重要的宗派等等;对于佛法从印度弘传来的历史也得知道一点。这样,才能进一步去深入研究。如开始为东鳞西爪的认识,或一开始就去学习深广的经论,那不是不知宗要,便是因难于了解而退学。所以对于整个佛法,先要知道佛法之所以的大概。第二、明了佛法中的宗派的概要,然后再选择一宗一部门去研究。这个方法,对于研究一宗一派,也是应该采用的。如学唯识的,不应该一下手就去研究《成唯识论》,这是没有办法可以懂的。必须要从《百法》、《中边》等先了解得大概,再作深入的研究。如初学天台宗的,要先读《教观纲宗》、《四教仪》等,然后再学三大部等。但有些修学佛法的,并不这样。听经学教,仅是随缘地去听法师讲。佛法的基本知识都没有,竟然已变成专宗的学者甚而法师了。别的不知道,自然唯有自己所学的什么宗最好,旁的宗派都不如他。其实别的宗派究竟怎样,他还一点也没有知道。像这样一下手就专学宗派的,弊病实在是很大。偏听则蔽,兼听则聪。如对各宗都知道一个大概,对于三宝、四谛、缘起、空性等根本大义,也有相当的了解,然后再求一门深入,就不会偏执了。第三、能一门深入,还要旁通。如学唯识宗的,最初对于其他宗派的教义,都知道一些,现在从自己专学的唯识学的立场,再去理解彼此的差别,而贯通一切。这样,对于佛法的认识也就愈加深刻了。不但大乘各宗如此,大乘与小乘间也要这样。为了要教化世间,对于世间的一切学问,等到确定佛法知见,那么也要从旁知道些。世间的好事情、好道理,也是很多的,不过不能圆满的清净,总有谬妄的成分夹杂在内而已。好的部分,要用佛法去贯摄它;不好的部分,要用佛法的真理去拣除它。修学佛法的第一步,必先从一般的共通的教义中,把握佛法的共通的宗要。切勿初下手即偏究一经一论,以为深入其微,其实是钻入牛角,深而不通!我们应从此下手去学,也应该教人如此,切勿迎合好高骛远的劣根性,专以艰深玄奥去诱惑人!

三 初学者从三门入

初学佛法的人,可分作三种类型。因为众生的根性不同,由于什么而学佛的动机不同,所入的方便门,即约有三种。声闻乘说有二种行;大乘也说有二种行,如《智度论》的合起来说,即有三种行人，从三门入不同：

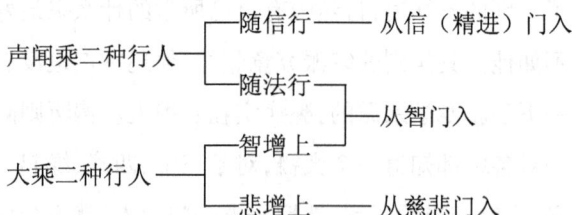

```
                    ┌── 随信行 ──── 从信（精进）门入
        声闻乘二种行人 ┤
                    └── 随法行 ──┐
                                 ├── 从智门入
                    ┌── 智增上 ──┘
        大乘二种行人 ┤
                    └── 悲增上 ──── 从慈悲门入
```

　　法行人，就是智增上的。有一种人，重在信心，不能自己去深究、决定，只要有人向他说了，就可以照着行去，毫无怀疑。这样的人，碰到了明师就好，否则可就糟了！重智慧的即不然，什么都要经自己的研究观察，不愿意人云亦云地随着做去。这无论是听讲或自己阅读，都要问个为什么，非经过熟思审虑，认为可信，不轻意盲从他人与古人。前一类是重信的，这一类是重智的。信行与法行（智增），仅是侧重于信心或智力，并非有信无智或有智无信的。一个健全的学佛者，信与智都是必须的。大乘的智增上菩萨，即是重智的，发心重在研寻诸法的实相，也即是先重自己悟证的。另一类悲增上的，对于为人服务、牺牲利他的精神特别强，有慈悲心，多作慈善及政治事业等。然智增与悲增，也只是说他先着重而已，决非有智无悲或有悲无智的。据实说来，健全而完善的学佛，信心、智慧、慈悲——这三样，都要具足；如缺了其中哪一项，这就不是健全而容易发生流弊的。所以，如《大毗婆沙论》、《大般涅槃经》，都说："有信无智长愚痴，有智无信长邪见。"重在信心而缺乏智力的，修学佛法时，又增长愚痴心，即不能分别邪正好坏，听说什么就信什么行什么。用现代的话来说："有信无智长迷信。"你们看：多少不是佛法的，都搬到佛法里来了，这不是专重信心、缺乏智慧、不能分辨邪正好坏的结果吗？专讲信佛、信菩萨、信感应、信神通，久而久之，学佛而增长愚痴，也就和一般外道差不多了！如专重智慧而缺乏信心，那就是有智无信长邪见。因为没有信心，虽整年整月地研究佛法，而结果只能增加邪知邪见，到头来，佛也不信，法也不信，简直就没有再可信仰的了。这在近代的青年学佛者，说起来也太多了。大乘所说的智增与悲增，也是这样。智增上的，如过于缺乏悲心，专为自己的生死打算，哪怕他口口声声说：我是学习大乘的，实际的行为却是缺乏大乘气息的。即使信智具足，急求自证，结果也势必堕于小乘。至于悲增上的，如过于忽略佛法的智慧，专门讲利人，有时，自己站不住，或是环境恶劣，就容易灰心，成了佛法中所说的"败坏菩萨"了。败坏菩萨，就是学菩萨而中途退心的。学佛的根机不同，不能一律；信、智、悲，初学者不免畸轻畸重。但如专重一端，就注定要失坏，不会成就的。依中国佛教的情况说，重信的人多，不肯多作利人事。超神的佛教、慈悲的佛教，在中国的迷信中，变质得近于多神教，甚至巫教了！其实，信仰三宝，佛菩萨只是指导我们的善知识而已。了生死，证解脱；积福德，证菩提；一切非自己努力不可。

　　现在，我们来研究佛法，这是从智门而入的路径。但也要培养信心和悲心。时刻地记住：三宝的功德难思议，众生多苦，要发心荷担正法，救度众生，并非单是知识边事。

十二　学以致用与学无止境

一　总　说

平常说:"学无止境",学问原是无限的,以不断进步而越发深广的。对于人的学业,总是以"学无止境"、"书到用时方恨少"这类的话来勉励:切勿得少为足,不再求进步!话虽是这么说,而求学——在校读书的时间,毕竟是有限的。谁也不能过着终身的学生生活,读书是不能当作职业的。所以我想结合另外一句话,"学以致用"。这是说,"学无止境",是要在"学以致用"的活学活用中不断进步;人就是这样的边学边用,一直前进。

为什么要求学?所学的知识与技能,性质是多种多样的;各人求学的时代,也长短不一。但所以需要求学,是为了学习前人的经验、心得,充实自己,作为适应社会,而能有利于自己,有利于人类。这一原则,终归是一样的。无论什么学问,只是"为用而学"。学业的价值,不但在为自己,而且要对人类能有所贡献。所以彻底地说起来,学只是"为用而学"。不问所学何用,不求如何应用,"为学问而学问",是有背于学之意义的。这种学,一般说来,是不能存在的。假如说有例外,那是他有特殊地位、经济,有充分时间。对于这些例外人物,学问也只是高级的娱乐,或聊以遮眼,消遣时间而已!

"学无止境",但不能终身读书,以读书为职业。问题是:人类是社会的延续个体;一个人的生命过程,是承先启后的。在社会中,人一定要"少有所学,长有所事,老有所养",而不能停滞于学习阶段。佛教有自己的特性,但(无关于天上、他方的)现实人间的佛教,仍为社团之一,情形也还是一样。在僧团中,每人都应起初出家修学,进而住持佛教,以及衰老引退。这是合理的,这样的僧团,才能维持其正常的健康。这样,从学习的目的说,不能不是为用而学。从个人一生的历程说,不可能以求学而终其身。那将怎样的不断为学而进步呢? 这就不能不是"学""用"结合,从切实应用中去造就更高的学问了!

就佛教而论,佛学本非纯知识的,一向是经验与知识相结合,所以非"学""用"相结合,不足以表彰真正的佛学。虚大师创办佛学院,提倡佛学,主意在:复兴中国佛教,非从僧教育入手提高僧伽的品质不可。然而佛学院的兴起,并不能达成预期的成果。原因当然很复杂,而一般的现象,不能开拓新机运,反而引起些副作用。在一般人看来,虚大师偏重佛学。这是怪不得误解的,虚大师也不免感慨,因为:"出来的学僧,不能勤苦劳动去工作,甚至习染奢华而不甘淡泊。……以为别种事不可干,除去讲经、当教员,或作文、办刊物等,把平常的家常事务(寺院中事)都忘记了。"(见《现代僧教育的危亡与佛教的前途》)佛学院造出了一批（中国传统式的）文人，佛学上应该有成就了！实际上也不然，从有价值的著作的贫乏，就足以说明。于教务不能开展，于佛学很少成就，原因当然是太多了，学与用的不相结合，似乎是重要的一环。如虚大师所见的来说，除讲经、当教员、办刊物以外，就无事可做，那就不免有没有出路的感慨。从事学问，要有良好的环境来培养，但在我国，一向是很难得的！既没有学可以深造，又觉得没有事值得去做。这些看来前进的僧青年，久之，有的也就在僧海中消失了！

出家学佛，一定要求学；求学一定要有用，要有利于实行——"学以致用"。唯有"学以致用"，才能向"学无止境"迈进。这是值得提出来讨论的，作已经修学的、正在修学的同学们的参考。

不问在家出家，修学佛法，是要求其有用的。正如大乘所说："菩萨为众生而学。"修学，当下就要想到"所为何事"。以出家学佛来说，出家也必有所事，精勤勇进，决非如世俗所见，出家是隐逸、偷闲，或者逃禅。古代学佛，当然没有近代那样的"学院"，然学佛要从"亲近善友，听闻正法，如理思惟"下手，然后才"法随法行"。这是先经历一番"闻思"，学佛而从闻思入门，正是佛法不同一般宗教的地方。然学佛不能停滞于闻思，而应从事实行，学以致用。这可引起了两个问题：一、要学（闻思）到什么阶段，然后从事实行？这是很难说的。"随信行"人，可能经一两次的简要听闻，就深信而从事实行。"随法行"人，总是多闻熏习，彻了种种疑惑，然后从博返约，从事实行。但这不是说起初不要实行，而是说起初重在闻思、重在信解罢了。众生的根性是不一的;佛法也不可能专从闻思去完全通达的。所以,如善于应用,学与用相结合,那即使所学不深,也会一天天增进,更切实、深刻起来。否则,学到相当程度,不能见于实行;或者实行时,不能与所学相结合。那相当的闻思知解,可说一无用处,久久也会退失了。那一心想学,专重闻思而不想实用,将永远是空虚的,也难有更高的造诣。二、从学到行,出家人应怎样行呢?原则地说,应该修行,是信、戒、定、慧的修行。除此以外,也就没有出家行了。但众生根性与好乐不一,不可能人人一样。从佛法存在于人间,为自己、为众生、为佛教,出家人所应行的,古来说有三事:一、修行,二、学问,三、兴福。这三者总括了出家学佛的一切事行;弘扬佛法,利益众生,都不外乎此。以个人来说,专心修行(专指定慧说),为上上第一等事。以佛教及众生来说,学问与兴福,正是修习智慧与福德资粮,为成佛所不可缺少的大因缘。出家而能在这三面尽力,即使不能尽如佛意,也不致欠债了。

二　用在修行

现在,我想从当前的现实情形,来说学用结合。怎样将所学的见于事行?怎样从事行中增长所学?先说修行:

中国佛教界重修行,而实重于音声佛法,也就是以语言的念诵为重。如从寺院习惯传来的早晚课诵,每人的诵经、念佛、持咒、礼忏,以及普佛、上供,哪一项离开了语言的持诵?甚至是不念佛、不诵经、不持咒,别人就会说你不修行。修行而偏重于持诵,无疑为中国佛教的一般情形。在没有学习佛法、闻思经论的,谁也都在持诵这些,也就是谁也在修行这些。现在经过了经论的闻思学习,在课诵时,念佛、持咒、诵经时,试问有些什么不同? 是否能将学习所得而应用于持诵,提高持诵的品质,更适合于念诵的意义? 如没有学习闻思,是这样的念诵;学习了佛法,还是这样的照念不误,并无不同。那就应加反省:学了些什么呢? 学习有什么用呢? 这就不能不说是学无所用了。如学习以后,就觉得念诵没有意义,那就不但无用,而且见解有问题,反而有害了!

佛法的每一行门,在实行起来,是否能行之有效,逐渐深入,不只是行法的本身问题。依佛法说:知见(理解)必须正确,意乐(动机)必须纯洁,趣向(目的)必须中正,方便(修持的技巧)必须善巧。如这四者而有问题,不但修行不会达成理想,还会引起副作用! 如曾闻思修学佛法,应引发正见,主要是深信因果,明辨善恶邪正。务使修行的动机纯洁,目的正确。以念诵而论,念诵的方便更为重要。一般教化的,只是劝人信仰,教人念诵,并不使人生真实信心,如法持诵。"信以心净为性",如真的生起信心,一定是净善心现前,不善烦恼消退。能这样念诵,与佛法自有亲切之感。一般但有信心的名目,缺少信心的实际,却自以为这样就是信,就是修行,就大有利益了。好多人向我诉说:起初学习念诵,妄想还不太多;等到念诵纯熟,妄想可越来越多了! 用功的时间并不短,而依然故我,进益有限,问题到底在哪里呢? 问题在只知念诵,不知方便。初学习时,全心全意去持诵,所以妄想不多。但当念诵时,不知学习摄心、等心,以为多念就好，不专不切，不能摄持心念，习以成性，达到心意明净而宁定。这样，等到念诵纯熟了，口头是一片经声、佛号，心里却妄想连绵，另有一套。这样的成了习惯，那虽然日常行持从来不断，而念佛的并不能一心不乱，持咒的也不能感应道交，礼忏的业障难消。我想，曾于经论而有闻思的，对这些问题，总会有些理会。能将所学而应用于念诵，一定能生多功德，不再是口头喃喃，类同鹦鹉学语了！

现在从事于止观、禅慧熏修的，虽说不太多，但也不是完全没有。但由于一向专重修证，轻视闻思，所以或者一知半解，盲修瞎炼；或者专在色身上用功；或者不知深浅阶位，得少为足，似是而非地狂吹一阵。有些着实修行一番，可是"诚于中而形于外"的，却是行为乖僻，喜怒无常，或者哭哭笑笑，唱唱跳跳，疯疯颠颠。除了他们的真实修行大有受用而外，却是不够方便善巧，引起了身心某种程度的错乱。如曾闻思修学，而能应用所学，从事修行，相信这种副作用就会少得多。能学以致用，所学才有意义呢！

而且，佛法所说的，或有关于身心，或有关于修证。专在名相上修学，如身处热带而说下雪一样，总究是依稀仿佛，不得真切。不要说"真如"、"法身"，要自己体悟出来，就是所说心心所法、烦恼头数、禅定境界，不从修行去体验，怎么也不会透彻。例如所说"寻"、"伺"、"轻安"，到底是什么？佛法所说，多数是自家身心上事，修证上事。不经实行，怎能深刻踏实地了解。所以，真能学以致用的，一定能从实行中，所学的不断增明，日进于高明。学用结合而相互增进，在修行中最足以表现出来。修行是学佛上上第一等事！在佛教中，这也是第一要事。真正修行，能为僧伽典范，为众生所归向。而且正如太虚大师所说：

> 有一人向内心熏修印证，一朝彻证心源，则剖一微尘出大千经卷，一切佛法皆湛心海。应机施教，流衍无尽。

佛法的真生命、真活力，都从修行体证而来。从印度到中国，过去莫不如此。现代中国的衰落，在种种原因中，宗教经验的稀薄，不能不说是重要一着。佛教而缺少这个，又哪里会有真诚，会有力量呢！真心出家学佛，如以所学而用于修行，对自己、对佛教，可说是第一大事了！

三　用在学问

学佛以修证为本，学问原是第二门头。然而佛法的本质，可以不是学问，而终于不能没有佛法的学问。因为从佛的教化来说，要适应人类的知识与兴趣，表达为人类的语言文字。从学佛来说，要了解为什么学佛，应怎样学佛，佛法到底是什么。离开意识知解，佛法是不可能出现于世间的。从佛法的久住人间来说，学问更为重要！毗尼中说：佛法久住，是因为佛广说经法。广说，就是语言文字，就是通过"闻思"去修学。起初，佛法只展转传诵；为了保持延续，所以进行结集编次，成为一部一部的。有了一定文句、一定部类的经与律，就要有人去持诵不忘（起初还是口诵的文字，没有记录）。专门持诵契经的，是"持经者"（多闻者，持法者）；持诵毗尼的，是"持律者"。要保存从古传来的,不只是忆持不忘,还要理解,要适应,于是有"持经者集经,持律者抉择律"。经法的意义很深,要论究、要阐明、要分别抉择,于是从"持法者"而发展为"持阿毗达磨论者",论师也出现了。没有经师、律师(并不是持戒,传戒)、论师,对经与律的学问从事忆持研究工作,佛法怎能开展广大,流传到现在呢?佛法传入中国,《高僧传》也有"义解"、"传译"等门。佛法(经与律)的条理化、理论化,是佛法住世所不可缺少的部门。这不是每人所能做的,但确是要有人去做的。

现在的时代,不是古印度,也与隋、唐及宋、明等时代不同。然而为了佛法住世,要有致力于佛法的学问者,还与古代一样。如受过佛教教育,于佛学有某种程度的理解,而发愿献身心于学问(不是说不要修行、兴福,而是说重心在此)的,应怎样使学问更充实、更深刻、更有利于佛教呢?以读经、阅藏为职业,有这份福报的人是难得的,切莫死心眼地在这条险径中去打主意!真正能于学问不断进益的,还是要"学用结合",也就是"教学相长"。简单地说:如受过佛教教育,而想于佛学有更好造诣的,唯有从事佛教的教化工作,去求"教学相长"!

从事佛教的教化事业,可以分为二类:一、以社会信众为对象的教化。二、以僧众为对象的教化。以社会信众为对象的教化,那就是演讲、弘法、讲经(从前是讲给僧众听的)、广播。不仅口头说法,更以文字教化,那就是办刊物、写(通俗教化的)文章,为经典作通俗解释等。我的性格与能力,不大适宜于这方面,但从不低估这一对外教化的意义与价值。这一工作,对弘法者自身,学问是会不断进步的。面对现实的佛教环境,要适应信众。怎样能启发信心,使信众对佛法有较好的正确理解,而不致神佛不分、迷信乱说;怎样引导信众去进修,阅读研究;怎样答复信众的疑难与问题。假定是真心于佛法的通俗弘化,使人回邪向正,于三宝中得大利益,那在对外弘法的努力中,不能不(甚至是被迫)作自我进修。忙中偷闲,甚至是车中、舟中,都会去阅览参考佛书。对某些理论、某些问题,也一定会去寻求适当的答案。虽然,有时会被讥为"现买现卖",其实讲多了、写多了,佛法也就会更明白。佛法的许多理论、许多问题,也会贯通起来。所以,如真心于弘法,为信众着想,为佛教着想而努力的,佛学的理解一定会深广起来。古代的讲经(论)法师,越讲越好,终于以某些经论为主,形成佛学一大流,这可以充分证明这一论题。这一类的边教边学,教学相长,我曾称之为动中用功。虽不能专心于经论,作深彻精密的研究,成为学者,但是非常实用的(信众所不需要的,不会发展起来)、活泼有力的。从广大普遍的利益来说,有很高的价值。古代譬喻师的通俗教化,比精严的论师们并不逊色。

以僧伽为对象的教化,从前是讲经法师。从前的讲经,是讲给僧众听的。想学法师的僧青年,追随法师,到处听经,覆小座(覆讲)。听久了,也就分化一方,成为法师了。这种僧伽(重学问)的教育,不够理想,尤其是熟读熟背,照本宣扬,(义学)难有进步的希望。但确乎也维系了佛法的义学,不致完全中断。到了近代,虚大师首倡以僧众为主的(武院与汉院,都兼收少数在家青年)佛学院,渐成风气。受过相当佛教教育,而有志于深造的,那么从事于佛学的教学,教学相长,是唯一的途径了!佛学的高深造就,不能寄望于法师(或教授)的口头或讲稿的。在学院学习,初级的,只能得到佛学的一般知识;高级的,也只能对某部门的佛学,获得一些研究的方针与线索(这正是老师最宝贵的启示与引导),学得学问的工具与治学方法。就是去日本佛教大学,或者修完博士学分,光荣归来,也还是这样。真正的属于自己的学问,进一步而有所贡献的学问,还等待开始。想凭藉已有的学力,不断增进而有更高的造就,最好也还是教学相长。

在教学相长中,要讲、要写作、要互相讨论。自己在学院修学时,似乎都懂了,考也考得好。可是等到自己去讲时,就会感觉到自己的理解不够,自己也不满意。对某一经论、某一学科,参考一番,讲说一番,不但精熟得多,也会深刻一层,这就是进益了! 如要写讲义,那就更好! 平时依赖口才、技巧,囫囵过去,等到要写出来,或者公开发表,多少有些责任感,会特别留意。这一来,就会感觉到:虽然讲得头头是道,写出来却不免问题多多:组织不好,根据不足,意义不明确,理由不充分。总之,理解不够,了解错误——学力不足处,就会显露出来。知道不足,参考、修正、补充,学问也就进一步了。虽然说"人之患在好为人师",如能认真的话,也许老师的进步比学生更多! 说到讨论,古代佛教是经常以问答的方式而进行法义之研讨的。论辩的风气(因明学等,都从这里发展出来),也曾经传来中国,如晋代的"支许"对论。在教学相长的过程中,不但自己不离经论,也不离修学的环境。师友之间不妨作口头的讨论(或是集体讨论),或以文字来作法义的商榷。这对于学问的进步,最为有力! 因为辩论一经展开,为了某一问题,一定会竭尽自己的一切所能,以表达自己的意见。在这种情形下，自己知识的潜在力量，会意外地集中发挥出来。没有想到的，也想到了；没有贯通的，也贯通了。由于对方的评论，会认识到不同的观点、不同的论法、不同的意见。对受批评的自己来说，真是极丰硕的收获。学问的进步，在乎自己，但也要有学问的自由气氛、自由环境（思想的专制与垄断，是学问进步的唯一敌人）。那么，师友间的口头讨论、文字的商榷，都是有利于学术风气之培养的。不过，法义的商讨，要"虚心"，有接受别人批评的雅量；要"真诚"，有接受别人意见的勇气。切勿以自己为真理的代表；自己决不能错，错了也不能认帐。如这样，那就缺乏了讨论的根本条件，不讨论最好。时代的病态深极了！社会上的学者，起初是各人发表意见；继而互相批评；进而人身攻讦、戴上帽子；进而涉讼法院。好在现在中国佛教，说不上法义的讨论（有的是权利与人事的恩怨），所以也耳目清净得多！不过，澄静无波，对僧伽学问的进步是有碍的。正如冰封雪冻，枯寂的草木不生，生气毫无，那还能有百花竞放的壮观吗？

　　无论是对信众弘法，对僧伽教学，所以能促进学问的进步，是因为表现了出来——讲了出来、写了出来。表现出来，就会引起反应，或者受到赞美，或者受到批评，这就是策导自己向上的良好动力。或者欢喜人的赞叹，怕别人批评，那是私欲与浅见作怪。其实，受到赞叹，是对自己的一种同情的鼓励；受到批评，是对自己的一种有益的鞭策。鼓励、鞭策，一顺一逆的增上缘，会激发自己的精进；修正自己，充实自己，不断地向前迈进。有的人向学有心，终日不离书本，可是既不愿讲，又不肯写，一年又一年。修行吗？并不曾专心禅慧。学问吗？也不知进益多少，为何而学。如终于如此，那也就终于如此而已！不走向教学相长的正道，那么想于学问有所成就、有所贡献，也就太难了！

从事对信众弘法，对僧众教学，"教学相长"，"学以致用"，是能使自己的所学日有增进的方便。真能向这一方向去做，当不会有所学无用的感觉了。但或者以为：向信众弘法吗？讲呢，没有人请。写作呢，编辑者不要。这么说来，大有无从着手之苦。其实，这是好高骛远、不切实际的错误想法！以宣讲来说，如一定要环岛布教、国外弘法，那当然机会不多。如非大座讲经就不讲，没有人归依就不感兴趣，那根本就颠倒了。任何事，都是由微而著的。如有向信众弘法的热心，哪里不是弘法的地方？尤其是住在什么地方——大寺或小院，总是有信众往来的。随机随缘，即使五句十句，偶为赞扬佛道，也可使人得益。渐渐引起了信众的兴趣，就可以从开示到定期布教，或短期讲经。把这种工作，看作自己应尽的义务。对师长，对同道，不骄不慢，一定能为寺院同人所欢迎。因为这对寺院，是有利益而不是有障碍的。从前印度佛教的开展，得力于布萨——每月六次。布萨日（对内的事，这里不谈），信众们来了，就为信众们说法（不一定要长篇大论）：说三归、五戒；或者授八关斋戒。这就是定期布教，信众们从事宗教的精神生活。等到佛教衰落了，定期的念佛会、消灾会，以及佛菩萨的纪念法会，只是礼拜、敲打唱念一番，再则吃一顿素斋回去。佛教而对信众不教，那就难怪佛教日渐衰落了！佛教而希望复兴，一定要摄受信众；摄受信众，要从寺院的定期布教做起。以现阶段来说，如向这一方向进行，那就是寺多人才少了！还会所学无用处吗？至于环岛弘法之类，是巡回布教，是少数大德的事，一定要得到当地寺院的合作。巡回布教，只是对各地方的佛教临时奋起与鼓励一番。真正的摄受信众，日常教化，还是要靠当地寺僧（尼）的努力！这是最平实、最有效的向信众弘法，而自己也能因而日有进益的办法。至于写作，一方面要练习写作，一方面要能适应现实佛教的需要。如在这一方面能下一番功夫，做到文义通顺，而所写的合乎信众与佛教的需要，那么，现在的佛教刊物都在闹稿荒，文稿哪里会没有人要呢！

至于向僧众讲学，为一异常重要的事，希望有人为此而发心。过去中国佛教，开大座的讲经法师（也是教育法师的），长江一带本来不少。但这些不足以适应现代教学的，经抗战动乱，早就衰落了。虚大师门下，于义学而深尝的，并不太多。问题是：虚大师的提倡佛学，原是以应用弘法、整顿僧伽制度为重的。专精义学或潜心著作，对狂风骇浪般的中国佛教不免有急惊风与慢郎中之感。文绉绉、酸溜溜的佛教秀才，能有何用？所以提倡佛学，或派人去国外留学，都着重于如何革新佛教、联系国际佛教。而当时的佛教界，清末以来，一直在惊风骇浪中过日子；这是现在一般佛教青年所难于理解或想像的。佛教界需要人才，需要应付社会、维持寺院的人才，不是深通佛学的人才。于是从佛学院出来的，或在佛学院任教一期二期的，有机缘的都受记了，当家做住持了（没有因缘的，多数在僧海中消失了）。佛学院的修学与任教，与过去住宝华、住金山，可说异曲同工，都是受记作住持的过程而已。在这种情形下，佛学院一直办下去，一直不能产生人才——佛学的人才。佛学院师资的品质无法提高，而且会找不到老师。这种情形，现在的台湾佛教界显然是更严重了！

于佛学曾有某种程度修学的，如能发心在学院教学，不必问学院办理得怎样，只要自己肯于此用力，"业精于专"，自会于佛法深入起来。自己的理解深了，深入才能浅出，才容易使人理解，学的人也就容易进步了。近十年来，去日本留学的人不少。在日本，主持寺院的主要是大学毕业。这是一般的佛教；佛学人才，并不是这些人。日本过去与佛教的关系很深，能珍惜与日本精神深切相关的佛教文化。所以修学硕士、博士学分的，多数人不离于学。有从事一般教育而附带研究的；一部分人，从助教起，始终与佛学不相离。十年、廿年，就各部门而各为深入的研究，虽不免零乱，而到底学有专长，人才辈出。这都以所学为基础，从服务于教学，教学相长，久久而后有成就的。现代的学问，不能依赖个人的天才，而有赖于多数人的努力。尊重别人，接受别人的研究成果，而自己更进一步。日本从明治维新以来，向这一方向走，人才也就充实而提高起来。这些学者，对一般的佛教活动没有太多的影响，但影响还是很大的。力量生于信仰，信仰来于思想（这就非有信仰与思想的学问不可），如真能于佛学深入，融集佛学的精英而发皇起来，凭藉佛教固有的信仰潜力，其前途是难以估量的。面对现代佛教的师资缺乏，佛学院的陈陈相因，不能提高品质，觉得从教学相长中造就师资，实为唯一可由的途径！现在中国佛教固然没有日本那种学术环境，但未尝不能从教学相长中，去自修深造。对佛学而有法喜、有兴趣的，尤其是从日本留学归来的,何不选择这一方针,以发挥自己、贡献佛教呢!

　　"业精于勤","业精于专",佛学也是不能例外的。中国佛教界一向不重视学,得不到鼓励,还可能受到摧残。于佛学而有兴趣的,也就很难贯彻始终,毕生为佛学而献其身心。特别是现代台湾,摄受信众,弘法宣讲,打佛七,传戒,参加佛教会,作佛教的国际活动;似乎佛教的人才,非这样不可。人的精力是有限的,时间也是有限的,如成为这一型态的人才,即使于法义积有基础,也很难再有进步了! 有的重视对信众弘法,通俗布教,觉得这样才是办法,于是对佛学理论(实际上是一般的)讥之为"天书"。可是事实终是事实,等到要办佛学院、研究院,甚至想办大学,就会发现问题——师资缺乏。于是乎僧伽教育,请居士来主持;请几位居士来担任课目。怎么说,怎么宣传,是另一回事。师资缺乏,或师资的内容不坚强,却是事实。留学,虽然说缓不济急,仍不失为补救的好办法。问题还在大家有一番认识,要专、要久,为教学而奉献身心,从教学相长中,不断提高品质。否则,也还只是有利于宣传而已!

四　用在事业

　　佛法流行于人间,是具体活动的宗教,不只是个人修证的事。佛教有僧伽组织,就有"僧事"。有寺院,就有寺院的事。对外摄受信众,与社会国家有关,就有摄受信众等事。所以佛劝比丘,"少事少业",只是不要去为私人私欲的事,而对佛教、对寺院,却不能没有事业。古人所说:"弘法为家务,利生为事业",也还只是部分的事而已。这些事是不能不有,不能没有人做的,直接间接与佛法有关。在个人的修行及研求义学上,似乎不重要。然为了佛教的利益、众生的利益,牺牲自己的精神去做,就是布施,就是修福。从大乘佛道,必须具备福德、智慧二资粮聚来说,这都是发菩提心人所应行的。所以在寺院中服务,从住持到门头,都称之为"发心"。是的,佛法中事,不应该为了权力,为了财利,而是为了义务与发心。

佛教的事,除了寺院——维持僧众修行、摄化信众而外,现在还有教会组织,就有各级教会的事务。中国佛教,过去有藏书供人阅读,义塾,以及救济孤老等"悲田院"。元、明以来,逐渐衰落而消失了,失去了为社会服务的利济工作,佛教也就更衰而被社会所歧视了。到近代,才缓慢地复活这一新的努力。佛教内部的、利济社会的——一切事,都是兴福,需要人去做,重要性是不逊于修行及学问的。如于佛法有某种程度的修学,正应本着自己所学的,去从事于兴福——护持佛教、利益人群的工作。从前的丛林,以禅堂为中心(如学院一样,整天修持,听开示)。在禅堂参学几年,出来任事——客堂、库房,以及大小职事。尤其是资历高深的住持,负有领众熏修、指导僧事的重任。这都是曾经修学,有维护佛法、维护道场的真诚与热心而出来发心的。在发心服务中,锻炼自己的道念与道力。假使曾经修学的,以做事为无意义,不愿做,唱些"不当住持"等荒谬的高调,而做事的,都是些与佛法无关的光头俗汉,佛法怎能久住,怎能兴盛呢?为佛教做事,需要于佛法有修学、于佛法有热心与真诚的人。佛教中无数的事(事不分大小,如法尽职就是),正等待学习佛法的人去做,还会学无所用吗? 做事,就是从事于佛法的实践——对人,对自己的身心,做到更与佛法相应,这才是真实的佛学!(民国卅五年,我与二位同学在重庆搭车,从西北公路回来。到了西安,去礼拜鸠摩罗什的塔院,在那里过了一夜。傍晚,一位终南山的茅蓬和尚也来赶斋过夜。晚饭时,当家的忙着拿馍馍,拿菜,茅蓬和尚也帮着跑。一位同学说:你坐下罢! 你也是客呀! 茅蓬和尚笑着说:出家人到寺院里,是没有客人的。事后,我笑着对同学们说:我们学了佛法多少年,这一着还被茅蓬和尚抢了先。这一件事,最深刻地记忆在我的心里。佛法、佛学,决不等于书本上的名相,而要从自己的观念、自己的见解、自己的行为中去表现出来)。

今天的中国佛教,问题很多:下自小庙,上至中佛会,都有事需要人去做。学习佛法的,正是发心去为教的时候。依我的想法,不必放言高论,应当反省、观察,从可能的范围内做起,求其与佛法更为接近。一项最根本的问题,是"无私",不要专为自己着想。佛法说"无我",佛教的制度,就有"现前僧"、"四方僧",没有以僧团的任何部分作为自己私物而占有的。然而,当了住持的,一般寺院是住持(或当家)与寺院一体,看作私有的财产。成立财团的,僧尼又被看作雇佣。其实,寺院属于僧尼个人、属于在家人组合的财团,都不合佛法,而危害真正的佛教。有些寺院,本来不是小庙性质,然而做住持的,千方百计,在怎样成为自己永久的占有物上着想。不要说化私为公,反而一心一意地去走化公为私的路子。如不曾修学佛法、那也还可原谅,如曾修学佛法,真不知所学何事! 试问修学佛法、提倡佛法,到底是怎么回事? 从前太虚大师提倡佛学,整顿僧伽制度,只是为此一着。而在一般住持与当家的心目中,太虚是可厌的人物,问题也就在这里。至于教会呢? 无论是市、是县、是省、是国,论理是佛教的共同组合,一切应以佛教(或市以至或国)的共同利益着想。唯有这样,佛教会才会健全起来、团结起来。否则,各为自己打算,不做则已,做就等于为自己办私事,一切以自己的利益为第一。佛教会是难于健全的,也就是不足以代表佛教的,徒成为少数人的庄严而已!

修学佛法,去从事一切兴福的事——寺院事、教会事、文化慈善等事,都应当将所理解的佛法而求见于实事。这样的兴福,于佛教有益,于自己的福德有益,也于自己的智慧有益,实践了佛学,与佛陀的精神相接合。在大乘佛法来说,这是"学有所用"、"学有进益"的最有效的一途!

五　劝除三病

修行也得,学问也得,为佛教做事也得,都是将自己所学的,求其实用;从实际应用中,更充实更深化自己的所学。修学佛法,决不会学无所用的,没有不能增进自己所学的。"没有出路",在佛弟子学佛的辞典中,应该是没有这一词类的。假使说有,那不是自己好高骛远,就是观念上的错误,自己的烦恼作怪!

我想再说三个字,修行是好事,每病在一"怪"字。有些标榜修行:留长发哪,颈项烧一串念珠哪,不吃饭哪,不睡觉哪,放光哪，说前生后世哪，一天念多少哪……说不修行、假修行吗？却活像修行模样。说修行吗？却有点不伦不类。有些是理路不清，有些是眩奇惑众。"索隐行怪"，在中国文化中是不足取的。在佛教中，不是邪命，就是大妄语（例如不吃、不睡，是不能生存于世间的）。再不然，理路不清，增上慢人。将所学而用于修行，应从平常切实中做去；否则，滑向歧途，前途是黑暗的！

学问是好事，但每病在一"慢"字。古德说："说法必侨慢。"于经论多知多见，或者能讲能说，名利恭敬之余，慢心也容易嚣张起来。以研究著作来说，如文义善巧，或条贯整理一番，有一些些贡献，就被称为学者。其实，在出家学佛的立场，这算不得什么！在佛家的富有中，琳琅满目，应有人来发心，登记、管理、陈列、介绍，以便人鉴赏受用。但数点宝物，并不成为管理数点者的家珍。发心去从事研究讲说，是必要的，但侨慢是大可不必！

兴福是好事，每病在一"俗"字。如不发真切心，没有为教的诚意，那么从事与佛教有关的事业，与俗人的成家立业、揽权获利，本质上并没有什么不同。一切以私人利益为原则，对人对事，势必以权利为转移。市侩气、势利态，就会相随而来。佛法平等，不主功利；但如有人说出家人势利，势利的问题就在这里。在这种情形下，一切努力都是为了自己。全盘俗化，毫无道意。即使表面上为佛教而努力，副作用潜滋暗长，终必败坏而后已！

不要说学无所用，不要说无法进步，能从小处做起，与实用相结合，边学边用，越用越学，佛法将成为自己的，充实而有光辉！不要怪，不要慢，不要俗，触处都是功德，无往而非进步。为自己学佛，为佛教久住，珍惜我们自己吧！

十三　福严闲话

　　诸位同学！来福严精舍的同学，有曾经跟我共住十年八年的，也有最近才在一起的。大家之所以聚集到这里来，无非是为了修学佛法；而福严精舍的建造，也正是准备多住几个青年人共同修学的。我们既能以此善胜因缘俱会一处，当然就有大家共同生活的基本原则与其意义及目标，所以在这未来三年间的开始，我觉得有些话必须先和大家谈谈，尤其是对于初来的同学。

　　诸位到精舍来，首先不要把这里看得太理想。我很能了解自己，我不是一个有天才的人，我的福报甚薄，教学经验也不足，你们跟我共住，是不会十分理想的。不过我要告诉诸位，像我这样不够聪明、没有福报的人，也是有些好处的，这就是自己能够知道自己，在佛法方面，还能切实地、认真地、放下一切去用功，而从不轻率妄动，攀逐外缘，荒废了自己的修学。过去二十年中，我一直抱着这样的意愿，过着符合这种意愿的生活。因此，我对于佛法，尚能有少微认识；佛法给予我的利益，亦复不少。世间任何事情，没有绝对的容易，也没有绝对的困难，所谓熟能生巧，如果肯得多下工夫，苦心研习，久而久之，虽愚笨，多少总会有些成就。所以我希望诸同学中，慧根深厚的，固应抓住自己的优越条件,着实努力一番;即使资质较差的,也不要紧,只要能够安心学下去,终归是有所得的。我在学团中,过去曾遇到许多聪明的同学,都是年轻力强,会写能说,其才干真了不得。然因外缘太多,修学时间少,忙着任监院,做住持,整日忙于应付、攀缘,把大好的时光荒废了。最好的,也只成一办事僧而已。由此可知修学佛法,必须能够放得下,安得住心,持之以恒,才能较为深入佛法,也才可以获致真实的利益。

我的身体一向很不好,福报因缘也差,长期过着淡泊苦学的生活,以致养成一种爱好清静、不喜活动的习惯。当然,诸位不能学我这种消极的榜样,佛教的事情很多,正等着你们去做。将来出去,凡于佛教、于众生有利益的事情,在自己能力范围之内的,都应该发心去做。但当这修学的现阶段,我只希望大家暂时学到我的安心、沉静、不急功近利的精神。

说到地方,大家如不存过分的奢望,那么我相信,精舍的修学环境并不坏,大家一定可以安然住下了,只是风沙大一点。但若附带着什么功利心理,便会深感失望,因为这里除了学之外,别的可说什么也没有——没有经忏佛事,也不打佛七,没有香火,少有信众往来。佛经说:"我为法来,非为床座。"如抱着这种观念,纯为佛法而来,没有夹杂名闻利养的企求,那么在护法们护持之下,我想是可安心修学的。

福严精舍修建起来,我从没有把它看成我自己的。凡有志于学、能够学的青年,要是志同道合,无论什么人,都可以来住。我没有招生,或者特别请哪些人来,大家纯然是出乎自己的意愿而到这个学团里的。既来到这里,当然就得安心为学。倘若半途退志，想离开的，也不勉强，不过退出之后，就不必再来。因为这个地方，与过去大陆的寺院不同，决不能像云水堂一样，欢喜去就去，欢喜来就来，出出入入，自由自在。来此地，便须安心住下。诸位若能安住修学三年，或有人来请去弘法，或外出另外参访善知识，或出去掩室专修，大家尽可以随自己的心力，出去为自己的修持，或为佛教做些弘法工作。等到感觉要回来的时候，仍可再回精舍来安住，精舍就是你们的常住。

大家发心到这里来，不要以为是找个安静的地方读读书；或者觉得没有适当去处，到这里住住再说。各人的心里，都应作学佛想，一面求得体解佛教的甚深义理，以及懂得佛教制度、修行方法等等，一面培植为教护法的热忱。经说：菩萨发心，皆为一切苦恼众生。我们在这里修学，也要以弘扬佛法、利济众生为最后目的，修学不过是一种过程而已。但弘法利生，只是笼统的一句话，实际去做，却是一件多方面的工作。诸位将来打算做些什么呢？在古代，学佛者因性格好乐的不同，以及适应事实的需要，可以分作许多类型，现且把它列举出来，作为大家的参考。

一、经师（不是会讲一两部经）：对于各种展转传来的契经有深刻的理解，解佛义趣，为人演说，畅达无碍。二、律师（不是会传戒）：重视清净的律化生活，于佛所制禁戒，不但自能严谨受持，熟识开遮持犯，能使人依此而得受持，还出还净。三、论师：深究诸法性相，阐发佛教的精义。经、律、论三藏教典，是佛传下的家财，佛弟子去修学它、弘扬它，就如子孙经营祖宗遗下的产业，是应有的一种职责。然因三藏精深广博，研习弘传者，免不了有所偏重，于是有经、律、论三师之分。四、禅师：也称瑜伽师,以定慧为其修持的主要课题,他们对于三藏教典也应有所明了,不过特别侧重禅观的体验而已,绝不是完全摒弃教典。真正的禅者,是禅观与教理相应的。如达摩,大家都知道他是一位著名的禅匠,而他所行的禅,也还是以《楞伽》印心。五、譬喻师:这一派学者,也有修证,也能了达甚深教义,然却着重于通俗布教,他们将佛法深义杂以因缘譬喻,深入浅出地普化人间。从推行佛教看,这是非常重要、非常难得的。

这五类,是从来旧有的。后来为了佛法的弘传,还有译师:翻译佛典,使佛法弘通到不同文字的国族中去。此外,还有咒师:修持秘密咒语,以咒力方便应化,也往往能引导一分人信佛。

上面所说的,可以说是:传承佛法、修持佛法、弘扬佛法的,所以素来被认为住持佛法的正统者。此外还有一种知事僧,是专在教团中负责做事的。释尊成道以后,到处说法度生,跟着出家的徒众就渐渐多起来,成为负有“绍隆佛种”之意义的僧团。出家佛弟子既自成团体,当然就有很多事情要做,于是便有一些人发心服务。这如中国寺院中的住持、监院、僧值、知客等各种大小执事,又如现今负责办理佛教会的人员。这些发心办事的僧徒,在古代印度僧团中,就名知事僧。做一个知事僧,在古代,不是容易的,他们都是会得佛教的基本道理,同时还要有相当修持和维护佛教的热忱,这样做起事来,才能与佛法相应。我国禅宗,知事僧都是从禅堂出来,也还合此意义。若于佛法无修学,专以办事为主,讲活动、讲攀缘,便将造成教团的紊乱与衰败。近代中国僧制的衰落,大致起因于此!

另外,还有神秘派与艺术派两类僧徒,依附佛教,行化世间。

神秘派,大抵是经过一番修持的(自然也有装模做样的),如古时的济公、近代的金山活佛等。他们所表现的,似乎有些疯疯颠颠,生活完全不上规律,然而颇能预知后事,也会治病,做出不可思议的事,这是专以神秘化世的一类。西藏佛教也有,他们叫做疯子喇嘛。这一类人,感化力特大,对于佛教的影响非常之深,可是不能成为佛教的正宗。住持正法、住持寺院的重责,他们是不能荷担的。如果佛教演变到以神秘僧为中心,那么一切迷信色彩便会渲染到佛教里来,使整个佛教丧失其纯正的真面目;而社会对于佛教的误解也将愈来愈多。至于艺术僧一派,则以才艺著称于世,他们能诗能画,或者会操琴,或者写得一笔好字,写得一手好文章(在近代应该称为文艺了),多与文人雅士往来,在社会上颇有地位,对佛教也很有些影响力。骚人墨客所认识的佛教,大概是属于这一类的,但他们从未给正统佛教所重视过。

在佛教的流行中,能够发生推动力量或影响作用的僧人,归纳起来,不外乎上述几大类型。诸位现在发心来学,将来当然也要致力于弘法利生,但你们究竟将现身哪一类型,怎样弘法度生呢? 我认为,不管舍身护法,做个知事僧;或弘传三藏教典;或推行深入浅出的通俗佛教;或专门自己修持,皆无不可。唯独不希望大家去做那疯颠的神秘僧,或是文人雅士型的诗画僧。

还有最要紧的,大家发心,要发大心、胜心、坚固心、长久心,不要因有一点困难或不如意的地方,便自甘放弃,自甘堕落。从前太虚大师曾慨叹说:传统佛教太过守旧,不图改进,而受过佛教新教育的,却因住了几年佛学院,学得一些东西,便眼高一切,处处看不顺眼,似乎除了办学校、办杂志以外,简直没有他的去处,于是不少退失初心而堕落了。这当然是不成的,所以我们发心修学,首先应抱着为众生为佛教的决心,不可从自我方面去着想。同时对于佛教的情况,亦应有所认识,自己量力而行,将来能够做什么,就尽心尽力去做。心尽管发得大,成与不成则无须计较,只要发真实心努力做去,自然会达到自己的愿望。

其次,再谈一谈诸位到精舍来,可以学些什么。关于我的教学态度,一向是绝对尊重自由的。前年续明法师的《时论集》在港出版,我的序文中说:"予学尚自由,不强人以从己。"这是我的一贯作风,绝非耸人听闻之言。因为我自觉到,我所认识的佛法,所授与人的,不一定就够圆满、够理想。因此,我从未存心要大家学得跟我一样。众人的根性、兴趣、思想,是各各不同,勉强不来的。大家所学只要是佛法,何必每个人尽与我同?诸位不但在这方面可以获得充分的自由,而且生活方式也极轻松,到现在为止,我没有特为大家标立烦琐的规矩。大家只须遵守一个基本原则就行,这原则是:无事不得下山,不要窜寮,不要说太多的闲话,认真用功看书、读经和听课。至于欢喜阅读什么经书,自有一种审慎合理的规定;这规定,决不是限于一宗一派的。有些人觉得我是个三论学者,其实这并不十分确实,我从不敢以此自居。我们虚大师曾这样对人说:"我不为一宗一派之徒裔。"大师的福德智慧,我们学不到,但他这种不拘宗派的精神,自问也愿意修学。前年法舫法师圆寂,在香港追悼会上,我曾经说:"大师的弟子们,都在学习大师那种广博的学佛精神,而法舫法师学得更像。"我因民国二十三年到武昌佛学院研究三论,所以大家都说我是三论学者。也许我的根性比较接近空宗，但我所研究的，决非一宗一派。尤其领导大家修学，更未想到要如何控制思想，使大家都跟我一样。就这三年内，我给大家选读的经典，第一年三百余卷，其中包括从印度译来的经、律、论，大乘、小乘、空宗、有宗等各样代表典籍。第二年的阅读范围，一面仍然保持印度传来的教典，一面放宽到中国祖师的著述。第三年，则扩展到暹罗、日本、藏地各家所传作品。在讲授方面，我想把佛学三大系的重要经论，如《楞伽》、《起信》、《中观》、《唯识》论等，都给大家讲个大要，另外关于戒、定、慧三学，也预备讲一点。总之，佛法是一体而多方面的，大家在初学期间，应当从博学中求得广泛的了解，然后再随各人的根性好乐，选择一门深入，这无论是中观、唯识，或天台、贤首都好。不过在现阶段，一定要先从多方面去修学，将来才不致引生门户之见。佛教的宗派，各有好处，而且彼此可以互相助成。如中国的一些宗派，都有可以会通处，其界限并不十分严格。所以大家不应存着宗派观念，佛教只有一个，因适应众生根性而分多门。我们学佛，第一便要"法门无量誓愿学"，至于最后从哪一门深入，则须视乎各人的根机而定。

佛教各宗派，向有了义不了义之说，而所谓了义与不了义，完全是以各家的思想立场为准绳的。如在印度，空宗说唯识不了义，唯识说空宗不究竟。中国各宗的判教亦复如是，天台有天台的判法，贤首也有贤首的判法，各以自宗为了义、究竟、圆满，他宗为不了义、不究竟、不圆满。克实说来，辨了义不了义，或究竟不究竟，是由于学者对于全面佛法的不同观点，也许是众生的根性问题。并非判某家不了义不究竟，就含有打倒他或否定他的敌对意味。这不过是说：某家所谈的佛法，阐理较差一点，只可适应某类根机。如空宗与唯识，千年来一直在互指对方不了义、不究竟，结果空宗还是空宗，唯识依然唯识，并没有因为唯识说空宗不了义，而把空宗打倒；也没有因为空宗指唯识不究竟，而否定了唯识。这是摆在我们眼前的史实。中国的传统佛教，说到中观或唯识不了义，并不觉得怎样，但如中观与唯识学者，提及传统佛教素来所宗圣典的不了义（如唯识宗以三乘为究竟，《法华经》说一乘是不了义的。如玄奘大师的弟子窥基大师，说中国的十地论等学派，是"此方分别论者"），那就要惊异不置了！其实，这只是少见多怪！人家说我所宗的不了义，只是他的一种判释，也可说是他的根性与我不同，所以他见到的不能和我一致，绝不因他说我不了义，就等于打垮了我。理解得这点，我们不但要遍学佛教的每一宗派，就是印度的各种宗教哲学，以及中国古来各家学说，我们都应该要了解。因此，我是主张"学尚自由"的，决不限制任何人的学习兴趣及其正确的佛教思想。然而目前诸位的学力，还无法判断了义不了义，故应依照指定课目，逐步求得多方面的认识，然后才能有所判断，有所抉择。一个宗派，总有它的完整义理、修行方法等等。我们说哪一宗不了义，哪一派了义，必须根据这些去判断，决不是凭空的诡辩。诡辩的胜败，充其量也不过是说话的伎俩高明不高明罢了。真理愈辩愈明，学佛者不妨根据自己认为究竟了义的宗派，互相质难论辩，使完整的佛法益加发扬光大。修学佛法的人，其思想倾向总是不能完全一致的，例如太虚大师，他虽力倡诸宗并行，但大师也有他自己的思想中心。所以，大家能够按照我所指定的教典阅读，对于整个佛法有了广泛的认识，然后依着各人的思想见解，认为哪宗教理究竟了义，或者更能适应现代思潮，引导世道人心，那么尽可随意去研究、去弘扬。只要真切明了，不作门户之见而抹煞其他；因为这等于破坏完整的佛法，废弃无边的佛法。我是绝对尊重各人的思想自由的，这一点，希望大家先有一番了解。

最后，附带再谈到一点：大家平时看书用功，研习经典，多少总会引生一些感想或心得，于是有时就要动笔写文章。你们过去写些什么样的文章，多在哪家刊物发表，我不大清楚，也无权干涉。但此后要写文章，有一件事情大家必须注意。第一、不要招摇，自我宣传。第二、写批评性的文章，不可匿名，自己所说的话，要负责任。对于现行佛教如有意见提出，针对事情讨论，决不能专对某人而发。最坏的是不用自己名字，专写些刻薄话，尽情挖苦谩骂，以图打击别人。这既要骂人，又没有勇气挺身而出，可说最没有出息。我们同学中，假如有欢喜写文章骂人的，那他的性格就与此地的学风不合。你们过去是否写过这类文章，我不知道，如果有的，应该改过，没有写过的，切莫乱写。一个佛教徒，心量要宽大，要能容忍，不要像社会一般人，专讲斗争、忌刻、报复，这是修罗法而不是佛法。大家要晓得，批评别人容易，成立自己就难。人们自身的不健全，往往不能自觉，而却要寻求他短，攻击批评，以为这样便可显出自己的长处。殊不知别人的被打倒，并不就等于自己的成功。所以论典中谈到摧邪显正的问题，有人以为："若不摧邪，何以显正？"有人反说："非破他义,己义便成。"拿世间的事物说,任何东西的存在,都是因为自身的健全、巩固;倘若它被消灭,那就是自身有了缺点。佛教宗派存没兴衰的道理,也与世间事物一样。一个宗派的衰落,不是由于教理上,必是由于弘扬人才本身的缺点。不然的话,那是不会发生问题的。即使暂时被外力压倒,不久还是会更加发展的。所以不管是学派立场不同,或是对事有了不同的意见,都不应该使用文字,与人以难堪的攻击,而应该着重自身的反省、自身的充实。今后写文章的,要多写富有建设性的正面文章,少作破坏性的批评才好。

（常觉记）

初版责编　陈　平